CONSTRUIR

MUNDOS

Pilar María Ruz

Espiritualidad Tóxica

Sal del ego terrenal y del ego espiritual

© 2024 **Europa Ediciones** | Madrid

www.grupoeditorialeuropa.es

ISBN 9791256960194

I edición: diciembre del 2024

Distribuidor para las librerías: **CAL Málaga S.L.**

Impreso para Italia por *Rotomail Italia S.p.A. - Vignate (MI)*

Stampato in Italia presso *Rotomail Italia S.p.A. - Vignate (MI)*

Espiritualidad Tóxica

A mi cuñada,

Tu energía me empujó a escribir este libro,

Y tras tu muerte,

Tu luz siguió guiando mis palabras para concluirlo.

Gracias por el pacto de Amor que hicimos.

Que la experiencia nos guíe hacia el reconocimiento de

Quiénes somos.

A todos los lectores comprometidos con ellos mismos, y que saben que la transformación comienza siempre en el interior y, de ahí, se extiende al exterior generando el cambio que anhelamos, alejado de las pesadillas que nuestro ego ha fabricado, y creando sueños de Amor.

"*Más allá del cuerpo, del sol y las estrellas; más allá de todo lo que ves y, sin embargo, en cierta forma familiar para ti, hay un arco de luz dorada que al contemplarlo se extiende hasta volverse un círculo enorme y luminoso. El círculo se llena de luz ante tus ojos. Sus bordes desaparecen, y lo que había dentro deja de estar contenido. La luz se expande y envuelve todo, extendiéndose hasta el infinito y brillando eternamente sin interrupciones ni límites de ninguna clase. Dentro de ella todo está unido en una continuidad perfecta. Es imposible imaginar que pueda haber algo que no esté dentro de ella, pues no hay lugar del que esta luz esté ausente.*

He aquí el recuerdo de lo que eres: una parte de ello que contiene todo ello dentro de sí, y que está tan inequívocamente unida a todo como todo está unido en ti."

UCDM (T-21. I. 8-9)

Índice

Prólogo 13

Capitúlo 1: Del ego terrenal al ego espiritual 15

Capitúlo 2: Lo tóxico 27

Capitúlo 3: La aceptación 35

Capitúlo 4: ¿Fluir? 43

Capitúlo 5: Rompiendo tabúes sobre los ángeles 53

Capitúlo 6: Rompiendo tabúes sobre los rituales 61

Capitúlo 7: Rompiendo tabúes sobre los médiums 73

Capitúlo 8: Rompiendo tabúes sobre lo masculino y lo femenino 87

Capitúlo 9: Rompiendo tabúes sobre los oráculos 97

Capitúlo 10: Rompiendo tabúes sobre la meditación 103

Capitúlo 11: El para qué de las religiones 111

Capitúlo 12: Deja de pedir perdón 121

Capitúlo 13: Regreso al Amor.................................... 127

Capitúlo 14: Para lectores curiosos sobre ucdm 141

Declaración final 147

Prólogo

Este es un libro que nace del deseo de romper tabúes relacionados con la espiritualidad, porque básicamente hemos pasado de vivir liderados por el ego terrenal, a irnos al polo opuesto, al ego espiritual, condenándonos a seguir atrapados en la misma rueda de ratón una y otra vez.

La idea de este libro llegó una mañana temprano mientras tomaba un té caliente con miel. La idea caló dentro de mí dándome el título de este libro como flecha que atraviesa una manzana. La sentí tan dentro, que ese mismo día comencé con toda esta aventura, escribiendo las primeras líneas de este libro. Escribiendo estas líneas.

Una vez comencé a escribir, casi sin saber cómo, pero ya estaba en ello, me hice la pregunta de si esto tenía algún sentido. Y para ello saqué una cartita del oráculo de frases inspiradoras de *Un Curso de Milagros (ucdm)*, que es un libro de metafísica, para quien no lo conozca, y la frase que obtuve fue esta:

"Elige perdonar, no desde una postura de víctima, sino consciente de que en ello estriba tu liberación".

Esta sería la frase que abriría la puerta a la escritura de este libro, y si hoy lo tienes entre tus manos, es porque así ha tenido que ser, es porque este libro tenía sí o sí que llegar a ti en este preciso momento.

Quizá ahora mismo no entiendas la frase anterior, o no comprendas a cuento de qué llega ahora esta frase a tu vida. Pero ahí está, ya ha llegado a ti, y a mí, y nos abre la puerta a sumergirnos en un mar de "casualidades" (lo pongo entre comillas porque ya te adelanto que no creo en las casualidades).

Antes de continuar, doy las gracias al Universo por hacer llegar a mí la inspiración para poder escribir estas líneas que hoy llegan a ti y a muchas otras personas que se han sentido atraídas por el mensaje que su alma desea escuchar y que a través de este libro va a poder recordar. Quiero que sepas, querido lector, que yo tan solo soy el altavoz de la voz sabia de tu interior. Todo lo que vas a leer a continuación, Tú ya lo sabes. Toda esta información ya se encuentra dentro de ti. Es solo que no lo recuerdas.

También compartirte que utilizaré el femenino y el masculino indistintamente. Sin presionarme. Tal y como me surja, puesto que todos tenemos las polaridades femenino y masculino dentro de cada uno. Más adelante en este libro lo comprenderás mejor. De igual forma, comprobarás que utilizo el tú y el nosotros indistintamente, pero siempre incluyéndonos a todos, porque como irás descubriendo, todos formamos parte de una misma mente.

Deseo que disfrutes de este viaje apasionante que hoy has iniciado, como yo.

Capitúlo 1

Del ego terrenal al ego espiritual

"Elige perdonar, no desde una postura de víctima, sino consciente de que en ello estriba tu liberación"

Como ya te he contado, esta ha sido la frase que ha dado respuesta a mi pregunta de si escribir este libro tenía algún sentido.

A continuación, verás que tiene todo el sentido, aunque en estos momentos quizá no lo veas así.

Durante siglos, hemos vivido un paradigma que relacionaba la espiritualidad con la brujería, la magia negra, magia blanca, magia en general, hechizos, mal de ojo, poderes únicos, personas especiales, médiums, exorcismos, posesiones, rituales con la luna, rituales con cosas materiales, masonería, dragones, ángeles, demonios, cielo, infierno... dejándome atrás muchos más, pero destacando algunos de los más relevantes o escuchados.

En todo este tiempo, nuestra mente ha estado limitada a una visión de la espiritualidad que no hacía más que condenarnos a seguir siendo víctimas de la vida misma. Una visión que nos ha mantenido viviendo en el **miedo** y es justo aquí donde el ego se ha podido expandir y ha podido tomar las riendas de nuestras vidas, haciendo que vivamos como zombis en una película de terror.

En este punto, podrías estar haciéndote la pregunta de qué es el EGO.

Pues bien, para que todos podamos comprenderlo, me gustaría que visualizaras un campo verde hermoso con un riachuelo con peces de colores, una bella cascada, el arcoíris, flores que desprenden deliciosos aromas, árboles frutales cargados de frutos, pájaros cantando y volando, es un día despejado con un sol brillante que se siente cálido y apetecible. ¿Estás ya ahí? Muy bien. Obsérvalo todo al detalle, y disfrútalo muchísimo. Siente la paz, la tranquilidad, la alegría, la abundancia a tu alrededor, la libertad, la plenitud, la expansión… Toma una respiración profunda, integrando en ti todas estas sensaciones. Ahora, vas a seguir visualizándote dentro de esta escena, y van a aparecer al lado tuyo unas gafas negras. Cógelas, y póntelas cubriendo tus ojos. Al ponértelas, todo se ve a través del filtro del MIEDO y de la CULPA. Nada se escapa a ese filtro que estás usando, y todo se ha transformado frente a ti. ¿Cómo ves el paisaje ahora desde el filtro del miedo y la culpa? Quizá ahora el paisaje se ve tenebroso, árboles quebrados, tierra árida, río seco, pájaros luchando por sobrevivir, flores podridas. El día se vuelve oscuro y aunque es de día, el sol no se ve por la neblina, los peces han muerto por la escasez de agua, huele mal… Y te sientes incómodo, impotente por la falta de agua y de vida, triste por tener que vivir en este lugar, con rabia por estar ahí. Te sientes solo, te sientes víctima. Se despierta en ti la queja por todo lo que estás viendo y que no te gusta, y el miedo a que algo peor ocurra, a que todo se vaya a pique. También se activa la culpa dentro de ti y eso hace que se proyecte hacia el exterior en forma de "búsqueda de culpables", búsqueda de las personas o situaciones que han llevado el bello paisaje a ese otro que tanto rechazas.

El ego es justamente eso. El ego es esa forma de ver la vida con las gafas del miedo y la culpa puestas.

EL EGO ES ESA FORMA DE VER LA VIDA CON LAS GAFAS DEL MIEDO Y LA CULPA PUESTAS

Te doy otro ejemplo, para que puedas llegar a una mejor comprensión. Visualízate en un campo hermoso, tal y como lo hiciste anteriormente, y a continuación va a empezar a envolverte una neblina que lo va a inundar todo y que dificulta la visión. Al no saber lo que tienes delante, ni lo que te vas a encontrar cuando camines, porque la niebla se vuelve cada vez más densa, tu miedo se activa y se apodera de ti, y eso te hace ir encogido de cuerpo entero creyendo que así evitarás los posibles golpes, incluso te empieza a doler la cabeza al tener que forzar tu vista y tener durante tanto tiempo los ojos encogidos, en tu intento de aclarar así la visión de alguna manera milagrosa. Pero la niebla sigue y el miedo se apodera cada vez más de ti. También se despierta la culpa por no haber tomado el otro camino que también estaba disponible y que te habían recomendado.

Ese es el ego, la niebla densa que nos hace vivir desde el miedo y la culpa. Esa visión nublada que hace que todo lo vivamos bajo ese filtro de emociones. Y aunque vivas situaciones hermosas, al estar tu vida bajo la influencia de esa niebla densa, el miedo y la culpa se van a activar en ti con la misma facilidad con la que encendemos una cerilla.

EL EGO NO ES MALO. El ego lo necesitamos. Necesitamos esa visión que nos mantiene separados los unos de los otros en la continua búsqueda de culpables y viviendo desde el miedo, PARA poder recordar quiénes Somos.

EL EGO NO ES MALO. LO NECESITAMOS PARA PODER RECORDAR QUIÉNES SOMOS

Por otro lado, cuando descubrimos que estamos bajo la influencia del ego, suele darse una tendencia a querer destruirlo, y entramos en una lucha sin fin, que lo que está generando son muchas más resistencias y un ego mucho más poderoso.

Luchar contra el ego lo hace más fuerte, porque le da más realidad y presencia en nuestra vida. Y, siendo conocedores de que el ego es una forma de pensar desde el miedo y la culpa, nos damos cuenta de que esa lucha nos ancla aún más en el miedo a que el ego nos domine y la culpa de no ser capaces de conseguir liberarnos de él.

Por lo tanto, el ego nos atrapa y seguimos viviendo nuestra vida desde esa visión, sintiéndonos cada vez más alejados de poder vivir en paz y…

… Esto nos lleva a situaciones cotidianas en las que quizá tengas que tomar una decisión, pero al estar tu vida gobernada por el ego, es decir, al vivir bajo la visión del miedo y la culpa, cualquier decisión que tomes la estarás tomando desde el miedo a que salga algo mal, a que piensen mal de ti, a que te juzguen, a que no sea lo mejor, a que te hayas equivocado, y eso, a su vez, estaría despertando en ti la culpa por haber hecho esto o aquello.

…O quizá estés envuelta en un momento de tu vida hermoso donde parece que todo fluye, la vida te sonríe, estás viviendo experiencias bellas, pero al estar tu vida liderada por el ego, esta sensación de paz y felicidad te dura muy poquito porque, de repente, y sin saber por dónde ha entrado, el miedo se ha apoderado del momento

18

y en tu cabeza tan solo se escucha la radio de "todo lo bueno se acaba", "después de la risa viene el llanto", "no subas tanto que después el golpe será más fuerte", etc. Estoy segura de que has escuchado estas emisoras de radio en tu cabeza más de una vez. Y es que nuestra mente se encuentra tan envuelta en la neblina de la visión del ego que todo lo lleva a su terreno.

Todo esto nos habla de que estamos bajo la influencia del ego terrenal. Lo nombro así para que tomemos consciencia de que vivimos montados en el barco que lleva por bandera el miedo y la culpa y ni somos conscientes de ello. No somos conscientes de que el timón de nuestra vida no lo llevamos nosotros, sino el ego, que es ese personaje con gafas negras, como te mencioné anteriormente, que nos hemos creído que somos y que nos lleva a vivirlo todo desde esa activación de miedo y culpa.

Y del ego terrenal hemos pasado a experimentarnos en el ego espiritual, como si se tratase de una balanza en la que ahora el peso se encuentra en el lado opuesto.

No podemos olvidar que vivimos en el planeta tierra y que en él nos experimentamos en las polaridades, es decir, bueno y malo, frío y caliente, bonito y feo, caro y barato, izquierda y derecha, grande y pequeño, etc. Por lo tanto, vivimos en un planeta en el que vamos a ir caminando de una polaridad a otra continuamente. Y esto no es bueno ni malo. En este punto podemos empezar a abrir nuestra percepción hacia el entendimiento de que los juicios "bueno" y "malo" vienen del ego, proceden de una visión que juzga desde las emociones de separación para mantenernos así anclados a ellas.

Nos experimentamos en las polaridades porque, gracias a la posibilidad de ir de una polaridad a otra, *vamos a poder sobrepasar las limitaciones* que experimentamos al ubicarnos en un extremo u otro. Y es que no importa hacia dónde se incline la balanza de tu vida en estos momentos, sino que lo importante aquí es darnos cuenta de que toda nuestra vida se mueve de una inclinación a otra continuamente porque lo necesitamos para evolucionar y poder recordar Quiénes somos.

> **NOS EXPERIMENTAMOS EN LAS POLARIDADES PARA *PODER SOBREPASAR LAS LIMITACIONES* QUE EXPERIMENTAMOS AL UBICARNOS EN UN EXTREMO U OTRO**

Y en este punto te comparto esta idea clave:

Me experimento en lo que NO SOY para recordar QUIÉN SOY.

> **ME EXPERIMENTO EN LO QUE NO SOY PARA RECORDAR QUIÉN SOY**

Por ejemplo, vivo situaciones que despiertan en mí el miedo para darme cuenta de que yo no soy miedo, soy mucho más que eso. El miedo actúa como una manta que te cubre, y al cubrirte tan solo te permite ver desde la oscuridad del miedo, y todas las decisiones y pasos que des en tu vida bajo esta manta harán que se impregne todo de miedo. Esta imagen la podrás comprender mucho mejor en mi álbum ilustrado "¿Qué puedo hacer con el miedo?", donde te comparto esta visión del ego de forma visual y sencilla.

Por lo tanto, al haber vivido una vida gobernada por el ego terrenal, y en la búsqueda de respuestas sobre el sentido de nuestras vidas, forma parte del proceso el inclinar la balanza hacia el otro extremo, el ego espiritual.

Al vivir desde el ego espiritual, lo que hacemos es dejar todo nuestro poder interior, y que desconocemos, al servicio de lo externo. Por ejemplo, hacemos rituales con minerales para atraer dinero, compramos la tortuga de la abundancia, el elefante con la trompa hacia arriba dando la espalda a la puerta de la casa para atraer suerte, al bebé recién nacido en el cochecito le ponemos un lazo rojo para evitar el mal de ojo, utilizamos símbolos para protegernos de energías malignas, usamos colgantes con minerales porque equilibran mi vida, limpio mi casa de energías negativas, tengo la estampita que me protege a mí y a mi familia, pongo velas para encontrar lo que he perdido, me corto el cabello en luna nueva o luna llena para que crezca fuerte, hago un ritual para que me dé abundancia, uso un vaso de agua con dos cucharadas de sal, el primer domingo del mes, para que me de dinero, uso oráculos para controlar mi futuro, voy al culto en domingo porque si no iré al infierno, acudo a personas para que me digan lo que tengo que hacer en mi vida y me quiten una enfermedad, etc.

Y estos son solo algunos ejemplos, de los miles que podría darte, y reconozco que yo misma he experimentado muchos de ellos en mi vida. Pero hoy te comparto que, gracias a toda esa experimentación, he podido ver con absoluta claridad cómo pasé de vivir en el ego terrenal a vivir en el espiritual.

Y lo más potente de todo, es que gracias a esa experimentación me di cuenta de que tanto en el ego terrenal como en el ego espiritual yo estaba viviendo desde el miedo más absoluto a la vida misma, porque si te das cuenta, cuando vivimos bajo la influencia del ego terrenal somos "el miedo con piernas" y vivimos una vida anclada en decisiones tomadas desde esa emoción, experiencias en las que el miedo se apodera de todo, incluso aunque sean momentos de felicidad. Por ejemplo, cuando empiezas un trabajo que tanto te gusta y que tanto te ha costado conseguir, y en tu momento de felicidad por empezar en tu primer día de trabajo, se apodera de ti el miedo a no hacerlo bien, a que decepciones a la persona que tanto confía en ti, a que te echen, a que algo salga mal, a que no vaya bien con los compañeros, a que se aprovechen de ti, a que no te tengan en cuenta, etc. O cuando estás empezando una relación amorosa con alguien, y vives momentos de mucha felicidad, pero el miedo se cuela mandándote mensajes sobre si te va a querer de verdad cuando te vaya conociendo más, mensajes para que tengas cuidado por si se va y te abandona, o por si te es infiel, o si te está escondiendo información de su vida que necesitas conocer, o invitándote a que no seas tan abierta y amorosa con esa persona por si te hace daño, etc.

También cuando estaba anclada al ego espiritual estaba llevando una vida gobernada por el miedo, puesto que los aprendizajes de todas las técnicas y terapias espirituales que aprendí en su día me llevaban al aprendizaje de recursos para poder protegerme del daño que los demás podían hacerme a mí, o del peligro que existía al usar esa nueva técnica espiritual y de la que también tenía que protegerme. Por lo que usaba recursos para limpiarme de energías negativas, símbolos para protegerme de energías malignas, frases para evitar que la energía negativa de los demás llegase a mí, técnicas ancestrales para que la energía negativa de los demás no se pegara a mí, símbolos de otros planos para proteger mi hogar, amuletos para proteger mi relación de pareja, minerales para proteger mi embarazo o el de mis seres queridos, estampas para protegerme, limpiaba mis minerales de energías densas y los sacaba a la luz para "cargarlos", no dejaba que tocaran mis minerales más preciados porque si no su energía se pegaba a mi mineral y ya no tenía el efecto deseado, etc.

Si nos fijamos bien, todas esas experiencias, que son tan solo algunos de los muchísimos ejemplos que podría seguir escribiendo, me mantenía en una vida totalmente a disposición del MIEDO, porque todo lo que aprendía sobre espiritualidad estaba enfocado a la necesidad de tener que protegerme del daño que los demás podrían llegar a hacerme, o que la vida podría traerme. Pero todo vibraba en MIEDO.

De esta forma, pasamos casi sin darnos cuenta de vivir desde el ego terrenal al ego espiritual, y tanto uno como el otro nos mantiene en una vibración absoluta de miedo. Una vibración que nos empuja a la necesidad de tener que estar continuamente protegiéndonos de los demás y haciéndonos sentir víctimas de la vida misma.

De esta forma, en el intento de encontrar respuestas a preguntas trascendentales sobre el sentido de la vida, nos quedamos atrapados en el ego, ya sea terrenal o espiritual.

EN EL INTENTO DE ENCONTRAR RESPUESTAS A PREGUNTAS TRASCENDENTALES SOBRE EL SENTIDO DE LA VIDA, NOS QUEDAMOS ATRAPADOS EN EL EGO, YA SEA TERRENAL O ESPIRITUAL

Y darnos cuenta de esto, ya es un gran paso.

También ocurre que, actualmente, muchas personas sienten un gran rechazo a todo lo que tenga que ver con la espiritualidad, fruto de la tradición esotérica y lo que generaciones anteriores han vivido en relación con la espiritualidad, relacionándola con la brujería, magia negra, exorcismos, posesiones demoníacas, religiones que oprimen y matan en nombre de Dios, etc., y si nos abrimos a mirar en la profundidad de esta actitud, ese rechazo hacia la espiritualidad y todo lo que tenga que ver con ella, esconde un gran miedo. Y esto nos lleva que se puedan seguir conservando las dos polaridades: personas dominadas por el ego terrenal que juzgan y condenan todo lo que tenga que ver con algo espiritual, y las dominadas por el ego espiritual que también juzgan y condenan a quienes dan de lado la espiritualidad tal y como la he descrito anteriormente.

Interesante.

No sé, querido lector, en qué polaridad te encuentras o si has ido de una a otra, que esa también es otra opción. Es la opción de haber vivido en el ego terrenal durante mucho tiempo, darte cuenta de que la vida puede ser algo más, yéndote hacia el ego espiritual, y una vez allí, no sentirte cómodo y haber regresado a vivir bajo la influencia del ego terrenal y tener marcado con una cruz tu regreso al otro lado de la balanza. Es otra opción también disponible, porque como os comenté anteriormente, nos movemos de un lado de la balanza al otro continuamente a lo largo de nuestra vida, hasta que tomamos consciencia de ello.

De cualquier modo, en este capítulo he querido mostrarte cómo nuestra mente ha permanecido limitada, te encuentres bajo el ego terrenal o el ego espiritual. Y digo limitada, porque desde el miedo nunca podremos conectar con la Libertad. Desde el miedo nunca podremos elevar esta experiencia humana a otro nivel, y seguiremos viviendo dentro de esa película de terror y drama en el día de la marmota.

Capitúlo 2

Lo tóxico

¿Alguna vez has escuchado la expresión de "esta persona es tóxica"? O bien porque la hayas dicho tú sobre alguien, o incluso te la hayan dicho a ti.

Esta es una expresión que se suele usar cuando, por ejemplo, una persona que está en tu vida y que tienes muy cerca, tiene una actitud contigo que podemos etiquetar como negativa, mala, acosadora, enjuiciadora, controladora, egoísta, violenta, mentirosa, cruel, y en esa línea. Al tenerla cerca, o bien porque vivas con esa persona en la misma casa, o bien porque te la cruces cada día en tu trabajo, o con amistades, o en tu familia, nuestra mente nos lleva hacia el juicio de "esta persona es tóxica", lo cual quiere decir que esta persona no me está haciendo ningún bien, esta persona me está hundiendo la vida, esta persona saca lo peor de mí, esta persona es insoportable, esta persona es la culpable de que mi vida sea tan infeliz y de que todo me vaya mal.

También podemos comprender esta expresión a través de esta imagen: imagina que tienes un frutero lleno de naranjas, y pasan los días y una de ellas empieza a pudrirse, de tal forma que el hongo que está proliferando empieza a expandirse y a contagiar a las demás naranjas que tiene a su alrededor, haciendo que también se pudran, a no ser que alguien descubra a tiempo la naranja que ha empezado a pudrirse, la tire a la basura y así las demás naranjas podrán durar un poquito más hasta ser comidas. La primera naranja que empieza a pudrirse sería, en este ejemplo, la persona tóxica que mencionaba anteriormente. Y así es como usamos la palabra "tóxico", desde esta visión. Pero vamos a darle una vuelta.

Cuando hablamos de que una persona es tóxica en nuestra vida, lo que estamos haciendo es perpetuar nuestra etiqueta de víctimas.

> **CUANDO HABLAMOS DE QUE UNA PERSONA ES TÓXICA EN NUESTRA VIDA, LO QUE ESTAMOS HACIENDO ES PERPETUAR NUESTRA ETIQUETA DE VÍCTIMAS**

En este punto tenemos que sacar a la luz algo interesante. Si vives tu vida sintiéndote víctima de los demás, porque quizá ves que no te tratan bien, o ves que lo das todo por ellos y ellos no te responden de la misma forma, o porque te rodeas de personas muy exigentes contigo y sientes que no valoran lo que haces a pesar de darlo todo, o te sientes víctima cuando tus seres queridos no te hablan bonito, o cuando tienes que pagar mucho en la factura de la luz o la gasolina para el coche y sientes que se están aprovechando, o cuando tus hijos no te respetan ni valoran lo que haces por ellos, o cuando tu pareja no responde a lo que tu das en la relación de la forma en la que te gustaría, o cuando sientes que tu jefe no te tiene en cuenta, etc., todo esto nos lleva a sentirnos aún más víctimas.

Pero lo que no tenemos en cuenta es que si en tu interior se encuentra la creencia de que eres una víctima, lo que llegará a tu vida se corresponderá con esa identidad de víctima. Es decir, una persona cuya energía interior vibre en victimismo, proyectará hacia afuera la película de su interior para que pueda ver de qué va la película que se ha creado, en este caso de víctima, y al verlo, al vivirlo en su piel en todas las áreas de su vida o en muchas de ellas, poder tomar consciencia de que se ha quedado limitando su vida desde el haberse creído víctima, y desde ahí podrá elegir cambiar de película si así lo desea.

> **SI EN TU INTERIOR SE ENCUENTRA LA CREENCIA DE QUE ERES UNA VÍCTIMA, LO QUE LLEGARÁ A TU VIDA SE CORRESPONDERÁ CON ESA IDENTIDAD DE VÍCTIMA**

Esto es fácil de comprender: nadie que ponga Rock Fm pretenderá encender esa emisora de radio y escuchar música clásica. Lo mismo ocurre cuando estamos estacionados en el "soy víctima". Desde ahí, la señal que emites hace llamada a los numerosos verdugos que te irás cruzando en tu vida, y de esta forma seguirás engordando tu realidad de víctima.

Si te sientes víctima, te rodearás de situaciones y personas que den realidad a lo que te has creído que eres y en donde estás poniendo el foco de tu vida. Obviamente, esto es algo que hacemos de forma inconsciente. Hasta que lo hacemos consciente. Y cuando esto ocurre, estará en tus manos tomar la decisión de si decides cambiar de emisora de radio o prefieres quedarte en la emisora tóxica que ya conoces.

SI TE SIENTES VÍCTIMA, TE RODEARÁS DE SITUACIONES Y PERSONAS QUE DEN REALIDAD A LO QUE TE HAS CREÍDO QUE ERES Y EN DONDE ESTÁS PONIENDO EL FOCO DE TU VIDA

Miedo. Eso es lo que se activa dentro de nosotros cuando tomamos consciencia de que vibramos en victimismo, aunque antes me creyese que para nada vivía la vida desde ahí, y al descubrirlo, el miedo nos invade, aunque tengamos resistencias a la hora de reconocerlo. Miedo a no saber qué hacer ahora; miedo a no querer, en el fondo, salir de ahí porque si no, no sabré ni quién soy; miedo a soltar el victimismo y cambiar tanto que quizá los demás me rechacen por no ser la misma persona, y eso me da pánico; miedo a asumir y reconocer que mi vida gira en torno al victimismo, porque me creo muy sabio o porque tengo muchos años de vida y mucho recorrido y reconocer esto me hace sentir "tonto". Miedo, miedo, miedo.

Y desde el victimismo, por supuesto que nos relacionaremos con personas que consideramos "tóxicas". Claro que sí. No puede ser de otra forma. Necesitamos a esas personas en nuestras vidas para que tomemos consciencia de lo que se está moviendo dentro de nosotros. Las necesitamos para descubrir lo que vibra en nuestro interior, para que, una vez reconocido, podamos soltar todo aquello que nos hemos dado cuenta de que ya no necesitamos cargar.

Pero nos encanta seguir mirando hacia afuera, seguir buscando culpables y seguir repartiendo etiquetas de toxicidad a las personas que nos rodean, pues de alguna forma consideramos que haciendo esto seremos más felices. Inconscientemente, lo que hacemos al repartir estas etiquetas es intentar diluir el peso de la culpa que está dentro de nosotros, pero de la que no somos conscientes, y en ese reparto de "tú eres tóxico", "tú también lo eres", "tú también", "cuidado con este", etc., creemos que conseguiremos sentirnos más libres, porque por fin hemos encontrado a todos los culpables de los males de nuestra vida y del mundo. Pero, cada vez que emitimos un juicio hacia alguien, ese juicio se vuelve contra nosotros.

Nos estamos condenando a seguir viviendo y repitiendo las mismas historias una y otra vez, porque nuestra mente limitada permanece cegada y anclada en el recuerdo de su pasado y, desde ahí, trae al presente lo anteriormente vivido, sin dar opción a podernos abrir a vivir como quien camina descalzo por una playa virgen, pues el peso de sus juicios pasados y su ego en expansión, lo mantienen limitado a no poder abrirse a nuevos senderos de la vida.

En palabras de Nicola Tesla:

"Cuando comprendes que toda opinión es una visión cargada de historia personal, empiezas a comprender que todo juicio es una confesión".

31

Eso es lo que hacemos cuando hablamos de que una persona es tóxica. Estamos echando balones fuera para evitar ir hacia adentro y darnos cuenta de que ha llegado el momento de entrar en nosotros y ver dónde yo me he quedado estancado, dónde yo me estoy intoxicando, dónde yo me he quedado en un bucle de repetición que me mantiene encerrado en la cárcel de mi mente limitada, imposibilitándome llegar a vivir una vida mucho más libre.

Decir que una persona es tóxica, habla de todo lo tóxico que tenemos dentro de nosotros y que ha llegado la hora de soltar. Tóxicos son los pensamientos que nos encadenan, nos anclan y no nos permiten avanzar en paz, viviendo desde la necesidad de tener que protegerme de este mundo cruel, con tantas personas crueles y malvadas. Pero el ver un mundo cruel y malvado habla de la crueldad y maldad que hay dentro de ti, y que necesitas liberar. Si no existiera esa maldad y esa crueldad en ti, ¡no la podrías ver! Pero nosotros seguimos buscando culpables. Seguimos ocupando nuestro tiempo en la crítica y el juicio hacia los demás, hacia lo que hacen y lo que no hacen, hacia lo que deberían hacer y lo que no… y desde ahí no hay paz, desde ahí hay mucha lucha, sacrificio y necesidad de protegerse de los ataques continuos, porque volvemos a ser víctimas.

> **UNA PERSONA TÓXICA, HABLA DE TODO LO TÓXICO QUE TENEMOS DENTRO DE NOSOTROS Y QUE HA LLEGADO LA HORA DE SOLTAR**

"La indefensión es fortaleza", dice ucdm, lo que quiere decir, que en ese punto has reconocido al Amor en ti, al

Amor que ya somos en Esencia pero que hemos olvidado. Y al reconocer que "la indefensión es fortaleza" hace referencia a que estamos viviendo en una hipnosis profunda y que contra lo que luchamos son los miedos que habitan dentro de nuestra mente. La necesidad de pelear con aquellos que consideramos tóxicos nos mantiene atrapados en el miedo a que sigan llegando personas así a mi vida y no saber gestionarlo, y en la culpa, por seguir manteniendo esta relación o por permitir que sus palabras me lleguen a influir. Pero esa lucha es la lucha interior en la que estamos envueltos y que nos va envenenando, por lo que los que nos vamos intoxicando cada vez más de nuestros propios pensamientos tóxicos somos nosotros mismos, y desde ahí, la paz parece inalcanzable. Pero no es real, pues al darnos cuenta de tanta toxicidad dentro de nosotros, porque de eso es de lo que te rodeas, vamos a poder empezar a tomar decisiones conscientes, a pedir ayuda para poder soltar todo lo que observas que te pesa y está limitando toda tu existencia y la de quienes tienes a tu alrededor.

Por tanto, rodearte de personas "tóxicas" es toda una bendición para ti, querido lector. Te están dando la oportunidad de que puedas soltar toda esa toxicidad que está dentro de ti y que está envenenando tu vida, tus relaciones, tu salud. Hasta hoy. Y al final, esas personas "tóxicas" se convertirán en tus grandes maestros de vida, en las personas que te han ayudado a poder soltar tu visión limitada y llena de rencor, ira, miedos y culpa.

> **ESAS PERSONAS "TÓXICAS" SE CONVERTIRÁN EN TUS GRANDES MAESTROS DE VIDA**

Y en este punto, quizá hayan aflorado en ti estas dudas: "¿Y si me tratan mal las personas de mi alrededor, tengo que conformarme y punto?", "Y si dices que la indefensión es fortaleza, ¿no tengo que defenderme de quien abusa de mí" ?, "¿y si me pegan no tengo que protegerme?". Obvio, sal de donde no estás bien. Y luego ábrete al mensaje que esa experiencia te trae para tu evolución y la evolución de quienes te rodean para que no tengas que repetir las mismas experiencias con distintos verdugos.

Capitúlo 3

La aceptación

Cuando vivimos situaciones difíciles de enfermedad, retos en nuestra vida con las personas que tenemos delante, situaciones desafiantes para nosotros, obstáculos que sentimos que nos sobrepasan y que no podremos con ellos, todas estas experiencias nos están encaminando hacia un gran aprendizaje. Nos llevan a la experimentación extrema de algo que sí o sí nuestra alma necesita ya aprender y así trascender todas las emociones derivadas de ella.

Cuando vivimos cualquier dificultad en nuestras vidas, tenemos la opción de seguir dándole la mano al victimismo que hay dentro de nosotros, o podemos también pasar por el filtro de la aceptación aquello que estemos transitando, reconociendo que todo lo que vivimos nos trae la oportunidad de poder aprender a soltar lo que dentro de nosotros pesa y que ya no necesitamos cargar.

Ten en cuenta que si dentro de ti hay falta de respeto y autoexigencia, y te hablas mal en tus pensamientos, te miras al espejo y te juzgas, te atacas y te pones faltas, te criticas a ti misma cuando cometes algún error, te fustigas cuando recaes sobre la misma piedra, etc., esas faltas de respeto de ti hacia ti, van a atraer a tu vida situaciones en las que las personas van a ser muy críticas con todo, muy exigentes contigo y con los demás, y todas esas faltas de respeto hacia ti misma y esa gran autoexigencia, se proyecta como una película hacia afuera con gran intensidad para que la puedas ver muy bien. Sin embargo, nos solemos quedar aquí, mirando la proyección, y entramos rápidamente a juzgar a quienes participan en esa proyección (en esa película de tu interior). Y desde aquí los etiquetamos de ser "muy exigentes", "malas personas", "no tienen en cuenta a nadie", "no me valoran", "se aprovechan de mí o de otros"... y eso tan solo habla de nosotros mismos y de cómo nos estamos maltratando interiormente. Quizá incluso ese maltrato o falta de respeto hacia ti misma, te conduce a escenas donde también te maltratan física o emocionalmente, todo fruto de la proyección que tu inconsciente hace hacia afuera para que puedas ver lo que hay dentro de ti y tomes acción soltando lo que ya no necesitas.

Cuando una persona se mueve interiormente, porque ha tomado responsabilidad de sus proyecciones, toda la realidad se transforma, porque el movimiento ha sido interior y, por lo tanto, al haber cambiado la película que estaba continuamente siendo emitida dentro de ti, la nueva película hace que vivas nuevas realidades que parecen milagrosas, que parecen magia. Pero la clave ha estado siempre dentro de ti.

Y para que nuestra realidad pueda transformarse, debemos pasar por el filtro de la aceptación todo aquello que vivamos. Si seguimos luchando contra lo que vamos viviendo, seguiremos necesitando más técnicas que nos enseñen a cómo protegernos, a cómo limpiarnos de energías negativas de los demás, seguiremos buscando culpables afuera, cuando ese "afuera" se trata de proyecciones de lo que hay dentro de mí, y que lo veo gracias a los "actores" que me lo muestran en mi día a día y que están haciendo el papelón de sus vidas para que yo pueda evolucionar y soltar todo lo que voy cargando. Sin embargo, nos anclamos en el juicio hacia esos "actores", etiquetándolos de tóxicos, y desde ahí nos condenamos a seguir reviviendo lo mismo una y otra vez, y aunque cambien los actores, estaremos en la misma repetición.

> **SI SEGUIMOS LUCHANDO CONTRA LO QUE VAMOS VIVIENDO, SEGUIREMOS NECESITANDO MÁS TÉCNICAS QUE NOS ENSEÑEN A CÓMO PROTEGERNOS**

Cuando aceptamos la experiencia que tenemos delante estamos abriendo una puerta al aprendizaje, y cuando llega el aprendizaje también llega la paz, y aquí el duelo que necesites hacer va a depender solo de ti y de tu nivel de compromiso contigo misma y con tu paz.

Un duelo puede durar desde un instante hasta toda tu vida. Si estás en medio de un duelo, darse el permiso de transitarlo es un gran regalo, porque ese tránsito te llevará a la aceptación de lo vivido, e incluso al disfrute (aunque suene loco), para que puedas reconocer el gran aprendizaje por el que tu alma necesitaba experimentarse. Cuando hay aceptación la situación se congela, y cuando llega el aprendizaje, el para qué lo he vivido, la situación desaparece, el conflicto deja de existir.

"Todos tenemos una historia, pero no somos esa historia que nos contamos". (Te invito a que leas esta frase varias veces y la respires antes de seguir avanzando en la lectura).

TODOS TENEMOS UNA HISTORIA, PERO NO SOMOS ESA HISTORIA QUE NOS CONTAMOS

Puedes preguntarte ¿hasta cuándo necesito seguir demostrando lo mal que lo pasé? O puedes decirte también: "Dejo de tener la necesidad de demostrar lo que viví". Porque en esa necesidad de la que no somos ni conscientes, es en la que estamos poniendo todo el foco de nuestra existencia, y al vibrar en necesitar algo, en este caso, necesitas demostrar lo mal que lo has pasado o lo estás pasando por todo lo que has vivido, y el Universo te acerca más situaciones en las que necesites seguir demostrando lo mal que lo pasaste, y seguir en tu cuna calentita de víctima y desde el victimismo ya sabemos todo lo que atraemos (más motivos para seguir siéndolo).

Las experiencias que vamos viviendo no son casualidades, y de eso te vas dando cuenta a medida que vas moviéndote del ego terrenal al ego espiritual y vas soltando capas que te pesan y que has estado cargando durante tanto tiempo.

No obstante, todas esas situaciones vividas son como escalones del sendero que vamos transitando aquí en la tierra, y que de algún modo necesitamos experimentar para poder evolucionar. De esta forma, si no pasamos por el filtro de la aceptación todo lo que vivimos, el no aceptar nos bloqueará, nos condenará a seguir repitiendo lo mismo una y otra vez hasta que lo aceptemos; nos enfadaremos, lucharemos, intentaremos cambiarlo desde la reacción de ver cómo todo vuelve a repetirse (aunque sea con personas diferentes o con las mismas) y estaremos en la rabia, la ira, el rencor, el juicio, la culpa, el miedo, el victimismo, y ahí estamos usando a los demás para revivir continuamente lo que no quiero aceptar.

Cuando, si lo aceptas, si le das la bienvenida a aquello que tienes delante (por muy doloroso que sea) pero está en tu vida hoy, sabiendo que algo tienes que aprender de ello (aunque no lo veas en absoluto) si aceptas, se abre un mundo de posibilidades frente a ti. Cuando aceptas, estás liberando a quien tienes delante del rol que estaba haciendo contigo hasta que tú tomaras esa decisión.

> **CUANDO ACEPTAS, ESTÁS LIBERANDO A QUIEN TIENES DELANTE DEL ROL QUE ESTABA HACIENDO CONTIGO HASTA QUE TÚ TOMARAS ESA DECISIÓN**

Esto es fuerte. Lo sé. Léelo las veces que lo sientas.

No tienes que creerte estas palabras. Ya sabes que estoy compartiéndome como un libro abierto todo lo que he ido transitando y aprendiendo. Te invito a que lo pongas en duda, a que lo cuestiones, a que no te lo creas, a que te enfade esta información. No te conformes. Experiméntalo y luego me cuentas. Estaré encantada.

¿Y qué es aceptar?

Aceptar es aprender a mirar la realidad que vives, sin querer quitarle importancia, sin querer ocultarla, sin querer hacerla a un lado porque nos duele.

ACEPTAR ES APRENDER A MIRAR LA REALIDAD QUE VIVES, SIN QUERER QUITARLE IMPORTANCIA

Cuando aceptas lo que está en tu vida, junto a sus consecuencias, por ejemplo, me abandonaron de pequeña (vivencia), y mis abuelos me cuidaron (consecuencia), vas a poder pasar página y llegará a tu vida el para qué de esa situación.

Si nos mantenemos anclados en la pregunta "¿y por qué a mí?", seguiremos respondiéndonos desde el papel de víctima. No obstante, si transformamos el "¿por qué?" por el "¿para qué?", nos estaremos abriendo a ver el aprendizaje que había detrás y al que teníamos que llegar para poder evolucionar. Y así, desde nuestra experiencia y aprendizajes podamos inspirar a muchas otras personas a nuestro alrededor, porque aquí todos evolucionamos de la mano, porque formamos parte de la misma energía, solo que nos perdemos en nuestros vehículos (nuestros cuerpos con una mente limitada egoica).

Aceptar nada tiene que ver con permitir. Si estás siendo agredida, vete a tu zona segura y desde ahí podrás decidir si aceptas que te han herido, o no, y en caso de decidir aceptar esa realidad que vives, te abres a los aprendizajes que hay detrás para que salgas de ahí y no tengas que estar en continua repetición. Un gran aprendizaje de ese ejemplo es el conectar con que *"no eres víctima de nada ni de nadie"*, y empezar a soltar toda la agresividad con la que te tratas y que te mantiene anclada en relaciones "tóxicas". El mantenerte en la identidad de víctima hará que sigas atrayendo a más verdugos para que puedan dar realidad a lo que hay dentro de ti que vibra en victimismo.

Se te da la oportunidad de reconocer la culpa que hay dentro de ti, ya que cuando nos sentimos culpables, inconscientemente, atraemos "castigos" a nuestras vidas.

> **CUANDO NOS SENTIMOS CULPABLES, INCONSCIENTEMENTE, ATRAEMOS "CASTIGOS" A NUESTRAS VIDAS**

Aceptar nos empodera, nos abre puertas, nos ofrece un mundo de posibilidades. Acepta y pon límites, pero un límite puesto desde la reacción no incluye el aprendizaje ni la paz. Pon límites desde tu zona de paz y desde la aceptación de que lo que has vivido ha llegado a ti para que puedas transformarte por fin. Para que salgas de la crisálida y vueles como una mariposa.

> **ACEPTAR NOS EMPODERA, NOS ABRE PUERTAS, NOS OFRECE UN MUNDO DE POSIBILIDADES**

Aceptar no es resignarse. No es quedarse en el discurso de "tanto esfuerzo para nada", o "es lo que me ha tocado". Aunque puedes quedarte en ese diálogo interior si lo disfrutas y así lo quieres es tu decisión. No obstante, aceptación no es resignación, porque resignarte te debilita y te mantiene víctima.

Aceptar tampoco tiene nada que ver con rendirse desde la visión de decir "la situación me ha ganado". Desde ahí, estás en lucha con la situación, y el rendirte desde este discurso interior hará que lo sigas viviendo porque tienes que aprender a aceptarlo.

La clave de la aceptación se encuentra en reconocer que tenemos la opción de decidir cómo me afecta esto que vivo.

Es decir, tenemos la opción de poder decidir a favor de nuestra paz en cada momento y con cada situación que vivamos.

> **TENEMOS LA OPCIÓN DE DECIDIR CÓMO ME AFECTA ESTO QUE VIVO**

Capitúlo 4

¿Fluir?

"Para que alguien fluya como un río, los demás tenemos que hacer de valle", fueron las palabras que escuché de Broncano y Jorge Ponce en uno de sus programas. Su diálogo continuaba diciendo que "la gente que fluye no se estresa", que "el no saber lo que va a pasar no les estresa" y que "la gente que fluye vive en el *que lo hagan los otros*".

Maravillosa percepción. Vamos a adentrarnos en ella.

Cuando en la vida te rodeas de personas que se relacionan contigo desde el fluir, viendo actitudes en ellos y entendiendo el fluir desde la despreocupación, falta de responsabilidad, pasotismo, y todo ello nos mueve por dentro rabia, impotencia, asco…, si lo que veo me remueve, me moviliza interiormente, el mensaje es claro y directo para uno mismo, para poder ver algo que hasta ahora no hemos podido ver y que tan solo nos mantenía en el juicio.

Y ya sabemos que los juicios que lanzamos tienen el poder de condenarnos a nosotros a que sigamos viviendo y repitiendo exactamente lo mismo, sin que tengamos ninguna posibilidad de poder comenzar a ver la vida diferente, sin ninguna opción de ver a las personas diferentes, porque el juicio nos lleva a sentencias del tipo "esta persona es así y punto".

Y lo que hacemos con esos juicios lanzados al aire, es mantenernos esclavos de nuestros propios pensamientos sobre cómo es tal o cual persona, y de esta forma nos limitamos a nosotros mismos, pero también estamos limitando a la otra persona y nuestra relación con ella.

LOS JUICIOS QUE LANZAMOS TIENEN EL PODER DE CONDENARNOS A NOSOTROS A QUE SIGAMOS VIVIENDO Y REPITIENDO EXACTAMENTE LO MISMO

De alguna manera, la necesitamos así en este momento.

¿Y por qué digo que la necesitamos así? Porque si dentro de ti hay control (aunque no lo reconozcas o no te consideres controladora), personas que "fluyen" con las características anteriormente mencionadas llegarán a tu vida para hacerte de espejo de las polaridades en las que os encontráis cada uno. Uno se encontraría en el lado de la balanza del control, y el otro en el otro lado de la balanza del pasotismo. Es, una vez más, una oportunidad que se nos muestra para que podamos equilibrar la balanza de nuestra vida.

Si en tu vida sigues atrayendo a este tipo de personas que "fluyen", entendiendo este fluir desde el pasotismo, el no tomar responsabilidad de nada en sus vidas, de no tomar las riendas de su realidad, y tampoco toman acción esperando que la vida los mueva cual pluma mueve el viento, ya debes empezar a olerte que te encuentras ubicado en el extremo de una polaridad. En este caso, en la polaridad del control. Y ese control, cuando está dentro de nosotros, se nos puede presentar desde el otro extremo, atrayendo a personas que "fluyen"; o desde la similitud de tu propio control a través de personas muy controladoras o por las que te sientes muy observado, controlado, limitado en tu día a día, que no te dejan respirar y vives con sensación de asfixia. Y esto también lo puedes observar a nivel de cuerpo físico, puesto que todas esas emociones que no conseguimos soltar, pues no somos conscientes de ellas ni tampoco sabemos qué hacer con ellas, aparecen reflejadas en nuestro cuerpo físico, y puede que el control extremo desde el que vives te haga vivir tenso, con contracturas, inflexibilidad, o desde la otra polaridad. Cada persona se experimentará en sus propios síntomas, y esto no es una condena, sino una oportunidad que nos da el cuerpo de poder comprender qué es lo que emocionalmente no estamos sabiendo gestionar, y así que la balanza pueda equilibrarse.

Cuando uno no se da cuenta de ello, porque su ego está fuerte y en modo "pavo real con cola abierta", permanecerá en su zona de confort, que es el control absoluto de todo, (cosa que, a fin de cuentas, es imposible y en esa imposibilidad también llega el estrés). Lo interesante es si decidimos o no "bajar la cola de pavo real", es decir, si elegimos ser observadores de ese ego que hemos detectado que se activa fuertemente en nuestra vida y que nos lleva hacia esa zona de conflicto y dramas donde el ego tiene su cuna; si nos abrimos al aprendizaje, al para qué de esta experiencia, y aprender la lección, no viviremos en el bucle de repetición y podremos soltar cargas, como el estrés, el bloqueo, la prisa, el enfado, el resentimiento, el rencor, el juicio, la impotencia, la rabia, la frustración.

En este punto, la frase de apertura de este libro de ucdm, que era "Elige perdonar, no desde una postura de víctima, sino consciente de que en ello estriba tu liberación", cobra todo el sentido.

Ha llegado el momento de poder elegir perdonar nuestra percepción, hasta hoy tan limitada desde el ego terrenal o desde el ego espiritual, que nos ha impedido ir hacia adentro, y nos hemos quedado mirando hacia afuera, dando todo nuestro poder al exterior, el poder de que en función de cómo actúe o no actúe tal persona yo seré feliz o no. Desde aquí, estás viviendo siendo víctima total de todo y de todos, porque todo tu poder interior lo estás dejando en manos de los demás. Ellos son los que van a decidir cómo va a ir tu día, y si puedes estar en paz o no.

¿Quieres seguir viviendo así? Si contestas que sí, adelante, será perfecto porque tú lo has decidido, y la vida seguirá acercando a ti a personas que te ayuden en tu despertar (cuando hablo de despertar, es simplemente el reconocer que somos Energía que necesita experiencias terrenales para poder recordar que su interior vibra en Amor). Y si contestas que no quieres seguir viviendo así, también será perfecto. Sabes que cada instante en tu vida puedes tomar nuevas decisiones que te conecten con la paz, y que, para eso, hay que bajarse del carro del juicio continuo. ¿Estás dispuesto?

Aquí, tengo que hacer una aclaración. Cuando hablo de bajarse del carro del juicio, no se trata de que no hagas juicios. No. Vivimos en el planeta tierra y ¡nos movemos a través de ellos! ¡No los intentes evitar! Se trata de que los observes cuando los hagas y no los alimentes, no les des más realidad. Estar en lucha por querer controlar el no hacer juicios no nos lleva a nada. Me explico: ya sabes que los juicios hablan de nosotros mismos, de nuestras carencias o necesidades. Por ejemplo, si alguien es muy exigente contigo, y te rodeas de personas exigentes, recorre el camino de vuelta hacia ti y observa la auto-exigencia con la que día a día te tratas, te hablas, te faltas al respeto por no llegar o por no ser o por no estar… Si te rodeas de personas exigentes, mira tu propia exigencia y despierta la compasión contigo misma diciéndote: "No lo he sabido hacer mejor y me perdono por ello". Estamos aprendiendo, y en este aprendizaje elegimos abrirnos a disfrutar de cada experiencia que vaya llegando, porque sabemos que esas experiencias nos traen los aprendizajes que necesitamos para poder recordar Quiénes somos y poder vivir en paz. Paz mental.

Y parafraseando ucdm: *"la vida es un juego en el que nadie pierde y todo el que participa no puede sino ganar, y con su victoria queda asegurada la victoria de todos los demás"*.

Cuando experimentas los beneficios que obtienes al abandonar el juego del miedo, toda tu realidad se transforma. Es como un niño pequeño que deja el juguete con el que ha estado tan apegado desde que nació con las manos siempre ocupadas, para poder abrirse a nuevos juegos y experiencias que le hacen vibrar en felicidad.

No hay que olvidar que cuando vivimos experiencias con personas que nos producen rechazo, porque quizá no nos gusta su actitud, como es el caso del primer ejemplo de este capítulo de los que rechazan a las personas que "fluyen", ese rechazo a esa parte de la población que tiene esa característica polarizada esconde un gran rechazo hacia ti mismo. Un rechazo hacia esa parte de ti que es tan auto-exigente y controladora que no puede permitirse el lujo de bajar la guardia, creyendo que si lo hace todo su mundo se desvanecería, nada saldría "bien", y todo se iría a pique. ¿Pero te has parado a pensar que quizá te encuentres polarizado, hasta tal punto que, si no lo ves tú, tu cuerpo físico te lo dice a gritos con los síntomas que vives? (quizá el corazón se te acelera, falta de aire, sensación de asfixia, dolor de espalda o cuello, tensión en tu cuerpo, etc.).

El rechazo a los demás, desvela un gran rechazo hacia ti mismo. ¿Qué rechazas de ti?, ¿qué es lo que no te gusta cuando te miras al espejo?, ¿qué es lo que te dices en tus pensamientos?, ¿con qué discurso te machacas a diario?

> **EL RECHAZO A LOS DEMÁS, DESVELA UN GRAN RECHAZO HACIA TI MISMO**

Pero nos da miedo enfrentarnos a nuestra vida interior.

Y ese miedo hace que busquemos la evasión por vías diferentes. Unos la obtienen a través de diferentes sustancias psicoactivas; otros usan el ruido auditivo para mantenerse alejados de su interior y continuamente distraídos, como un coche al que le subes el volumen de la radio a tope y tanto ruido no te deja escuchar lo revolucionado que lo llevas y no puedes sentir la necesidad de cambiar de marcha; otros recurren al trabajo excesivo, manteniéndose ocupados siempre; otros usan las redes sociales para mantener su mente distraída y así no dejar espacios para escucharse...

El evadirnos continuamente no nos va a hacer sentir mejor, no nos va a alejar de nuestros miedos, al contrario, al no querer mirarlos, al rechazarlos, nos persiguen a diario. Es como un nubarrón que tenemos encima de nuestra cabeza continuamente, y que, por mucho que corramos, nos persigue, lloviéndonos encima continuamente y nublándonos los días. Pero ahí seguimos, corriendo de un lado a otro lado, en el intento de alejarnos de ese nubarrón que está anclado a nuestra cabeza y que cada vez será más y más grande hasta que decidamos ver lo que tenemos encima.

¿Fluyo o no fluyo?

Hemos visto cómo nos movemos entre polaridades. Tanto el que quiere controlar su vida y la de los demás, como el que pasa de todo y no toma las riendas, se encuentran en extremos opuestos y de alguna forma se van a seguir atrayendo y necesitándose el uno al otro para poder equilibrar la balanza, y para poder integrar en él la parte que rechaza del otro. Y esto se ve muy bien en el ejemplo del chico adolescente "malote" que no estudia y todo el día está dando vueltas con su moto viviendo la vida, que se enamora de la chica "buena" y estudiosa. Son dos polaridades que se atraen ante la necesidad de que el chico aprenda a tomar las riendas de su vida y la chica aprenda a soltar la necesidad de tener que tenerlo todo bajo control y abrirse a disfrutar su día a día.

Hemos venido a amarlo todo. Y todo es un aprendizaje. Estamos aprendiendo.

HEMOS VENIDO A AMARLO TODO

Lo que está claro es que mantenernos en el rechazo a los demás, en el juicio, habla de todo lo que aún tenemos pendiente de mirar dentro de nosotros. Y a medida que decidimos madurar y responsabilizarnos de lo que hay dentro de nosotros, la paz interior que sentiremos podrá reflejarse hacia afuera en un mundo mucho más pacífico.

Pero seguimos necesitando tener un día en el calendario reservado para recordarnos que es el día de la paz, porque por dentro seguimos viviendo en guerra, con nosotros mismos y con todos aquellos que se acercan a nuestras vidas y pensamos que vienen a fastidiarnos la existencia. Mientras sigamos relacionándonos con los demás desde el rechazo y no desde la oportunidad de aprendizaje, seguiremos proyectando un mundo en guerra, en conflicto.

Un gran aprendizaje que experimenté en mi vida, fue cuando pude poner mentalmente en la frente de una persona, a la cual no entendía por aquel entonces y de la que rechazaba absolutamente todo, la etiqueta de "MAESTRA". Logré comprender que aquella persona, que me quitaba mi paz por completo, estaba siendo mi gran maestra de vida por aquel entonces. Era la persona que vino a enseñarme todo lo que tenía pendiente por mirar dentro de mí y que seguía rechazando en los demás. Era la persona que me hizo de espejo, mostrándome la oscuridad que yo no me atrevía a reconocer que había dentro de mí, y que rechazaba. Pero era mucho más cómodo vivir en la inmadurez de los juicios continuos a los demás, mirando y destacando sus carencias e incluso necesidades, buscando siempre a los culpables y echando culpas fuera, que responsabilizarme del mar en oleaje violento que me movía por dentro, y que me mantenía atrapada en una vida de dudas, rechazo, y de una felicidad que parecía inalcanzable y al acariciarla, imposible de mantener.

Por lo que, a la pregunta de "¿fluyo o no fluyo?", ya vemos cómo no se trata de fluir o no fluir, sino de decidir si me abro o no a mirar aquello que necesito integrar en mí para poder vivir una vida mucho más plena y conectada conmigo misma. La exigencia a los demás y el juicio, te atrapan en una vida en la que te condenas a vivir más de lo mismo y cada vez en mayor intensidad, cada vez más polarizado, para que puedas seguir dando realidad al extremo en el que te ubicas y puedas seguir encontrando a los culpables que necesitas para que la vida que has creado tenga sentido y poder seguir justificándote una y otra vez, y seguir lanzando juicios continuos hacia la otra polaridad.

Y así vivimos… en una rueda de ratón.

Tanto el que juzga al que tiene delante como el que se incomoda cuando los demás lanzan juicios a otros, ambos casos nos hablan de que dentro de cada una de esas personas hay un mundo de juicios, y habría que mirar la cantidad de auto-juicios en su interior y con los que tienen que lidiar día a día, lo auto-exigentes que son con ellos mismos, e incluso lo que se castigan a diario en sus propias vidas.

Cuando aceptamos la realidad que tenemos delante y que habla de nosotros mismos, nos abrimos al aprendizaje y desde ahí comenzamos a equilibrar la balanza en la que estábamos polarizados. El aceptar tu parte controladora y tu parte pasota, te permite evolucionar hacia tu centro y experimentar que eres mucho más que eso que estás sintiendo. Y reconectas con tu centro, con tu poder que antes habías dejado en manos de quien tenías delante.

Y desde ahí no tienes ni que fluir ni que luchar por no fluir, simplemente caminas tu vida desde la confianza de que todo lo que llega a tu vida tiene propósito, y en esa incertidumbre es donde mayor certeza obtienes.

Capitúlo 5

Rompiendo tabúes sobre los ángeles

Como te dije al inicio de este libro, con lo que estoy compartiéndote, pretendo hacernos reflexionar sobre creencias que han estado ocupando lugar en nuestra mente, limitando nuestra experiencia.

Aquí voy a comenzar a abrir una serie de capítulos que van de la mano, y en los que simplemente voy a compartirte mi experiencia en relación a ellos, porque como te he dicho, pasamos de vivir en el ego terrenal al ego espiritual y seguiremos encerrados en la misma trampa de la mente.

Si le preguntases a alguien ¿qué son los ángeles?, algunas respuestas que obtendrías serían estas:

Seres con capacidades y poderes sobrehumanos.

Seres sobrenaturales que se encuentra presente en varias religiones y mitologías, con la función de servir a una deidad suprema.

Criaturas celestiales que sirven a Dios y que guían a los humanos hacia el bien.

Seres alados que nos protegen.

La figura de los ángeles ha estado presente en muchas religiones y en función del lugar en el que vivas, la familia en la que te hayas criado, habrás tenido o no la influencia de esta información, en mayor o menor medida.

La cuestión es que los ángeles, tal y como los conocemos, como seres parecidos a los humanos, pero con alas y muy poderosos y sabios, es una imagen que nuestra mente infantil, inmadura, tuvo que crear para poder acercarse a la comprensión de lo extrasensorial. Y crear una imagen de un ser que parte de la misma forma y figura humana, los hacía más cercanos y accesibles, como seres que nos guían en nuestra vida en la tierra.

Los cuentos les encantan a los niños pequeños y, por lo tanto, los cuentos sobre ángeles y seres sobrenaturales también nos han llamado la atención porque nuestra mente es infantil, y este tipo de imágenes aún nos siguen cautivando. Pero estamos en evolución y podemos ir mucho más allá.

Ya te he compartido el impacto que suelen tener estas historias y seres alados debido a nuestra mente inmadura que necesita comprender la energía de formas accesibles para su estado de madurez mental. Yo misma he entrado en este mundo para poderlo investigar desde dentro, y así, sacar mis propias conclusiones y que hoy te comparto.

NUESTRA MENTE INMADURA NECESITA COMPRENDER LA ENERGÍA DE FORMAS ACCESIBLES PARA SU ESTADO DE MADUREZ MENTAL

Desde pequeña, la influencia de los ángeles en mi vida ha estado presente, por la familia en la que he crecido, por el colegio, por la cultura en la que he vivido. Con el paso del tiempo, y en mi lucha con Dios (el hecho a mi imagen y semejanza y al que le tenemos miedo por su juicio final), recibía mensajes contradictorios, del tipo: "si me están vendiendo que Dios es Amor, ¿por qué le tenemos miedo? Y muchas dudas más que hicieron que, el haberme experimentado en la creencia de este Dios me condujese a darle de lado por completo. Es decir, de una polaridad en la que vivía acorde a la religión, pasé a la otra polaridad, al otro extremo, de negación de todo. Aunque en mi interior más profundo, la conexión con los ángeles seguía viva de alguna forma.

Con el paso del tiempo, comencé a abrirme aún más a investigar todo lo relacionado con la espiritualidad, tras vivir acontecimientos muy fuertes para mí en mi vida que me dejaron por los suelos, a nivel laboral, pareja, enfermedad, abortos, y otras muchas dificultades. Le abrí la puerta en mi vida al ego espiritual. Y cuando estás tan dentro, todas y cada una de las filosofías, técnicas, métodos, etc., tenían impacto en mí. Y todo lo tenía que experimentar en mi vida, no quería que me lo contaran. Por ejemplo, recuerdo estar usando años atrás recursos para "limpiar" mi zona de trabajo de "malas energías" porque me lo habían recomendado, y a pesar de que no me terminaba de gustar el olor que desprendían, como me lo habían dicho maestros espirituales, quería experimentarlo por mi cuenta. Entonces me vi usándolos por toda la casa, a pesar de que el olor no me gustaba, pero el ego espiritual se apoderó de mí y sentía que tenía que hacerlo si quería estar segura en mi propio hogar. Y este es solo un ejemplo de muchos. Hoy lo agradezco infinitamente, puesto que me ha permitido ver más allá. Ya sabemos que necesitamos experimentarnos en las polaridades para poderlas trascender.

Aquí tenemos que comprender que somos Energía, que todo es Energía, y que, aunque seamos Energía dentro de un cuerpo físico que está limitado por los propios límites del cuerpo, somos energía en movimiento y estamos rodeados y sostenidos por más energía. Todo el campo cuántico es energía. De hecho, ya existen numerosos estudios científicos que lo avalan, destacando al premio Nobel en física Max Planck, entre otros.

> **SOMOS ENERGÍA DENTRO DE UN CUERPO FÍSICO QUE ESTÁ LIMITADO POR LOS PROPIOS LÍMITES DEL CUERPO. SOMOS ENERGÍA EN MOVIMIENTO Y ESTAMOS RODEADOS Y SOSTENIDOS POR MÁS ENERGÍA. TODO EL CAMPO CUÁNTICO ES ENERGÍA**

Cuando nos abrimos a la comunicación con el campo cuántico, estamos abiertos a ese diálogo con lo que hemos llamado ángeles, que no son más que parte de una misma energía presente en todo, y que al poder ubicarse en todo momento en todas partes, nuestra mente infantil humanizó estas energías para que no fuesen tan abstractas, y les colocó unas alas (cuya función es poder volar para desplazarte) como símbolo para que pudiésemos entender la capacidad de la energía de estar en movimiento y en todas partes.

Todos podemos comunicarnos con la energía del campo cuántico, porque todos somos parte de esa misma energía. Te doy un ejemplo muy sencillo. ¿No te ha pasado alguna vez con tu hermana, por ejemplo, que estabais juntas en algún lugar y un pensamiento que estaba rondando tu cabeza en ese instante, y del que no habíais hablado antes, lo trae a la conversación tu hermana? O ¿no te ha pasado que estás con tu pareja, y tienes en mente una canción que estás cantando interiormente y de repente tu pareja empieza a cantar en voz alta la misma canción exactamente por donde tú ibas? Formamos parte de una misma mente, que es la misma energía en cuerpos diferentes.

Y aquí cae otro mito de que solo algunos pueden comunicarse con la energía (o los ángeles si quieres llamarla así). Para nada. Pero esto es porque todos formamos parte de la misma Energía, y tan solo tenemos que soltar capas de miedos.

Por lo tanto, los "ángeles" son frecuencias, son energía, que se está comunicando con nosotros en todo momento.

Te voy a dejar varios ejemplos, para que sepas que todos podemos lograr la comunicación con el campo cuántico, con la Energía, también llamados ángeles.

Todos podemos crear códigos con la Energía para poderla entender y permitir vivir guiados. Por ejemplo, el orbe de energía que se ve de color azul está relacionado con el arcángel Miguel y los mensajes que acompaña a esta energía son de fuerza, seguridad, valor para entrar en cambios, movimientos, soltar miedos… Y como ves, digo que la energía de luz azul se relaciona con este arcángel, no que tengas que ver en tu vida a un ser alado, de apariencia humana y poderes sobrenaturales. Para nada. No tiene nada que ver. Se trata de energía. Solo es eso.

Te voy a dar más ejemplos, para que veas que se trata de códigos que hemos creado para poder usar la energía a nuestro favor en este plano. Y todo esto no es para que me creas. No. De hecho, no desearía que me creyeras, desearía que lo pusieras todo en duda y lo experimentaras por tu cuenta, para que más adelante podamos compartir experiencias. Sería un placer por mi parte.

Otro ejemplo, el orbe de energía que se percibe de color blanco, es la energía que se le atribuía al arcángel Gabriel. Pero ¡no te limites por el nombre del arcángel! Recuerda que es energía. Es luz blanca, asociada a tu capacidad de comunicación y expresión, creatividad, arte, maternidad/paternidad… Es el campo cuántico guiándote hacia el mensaje de que te apoya para poder decir lo que piensas y sientes, en tu capacidad para expresarte con claridad, en tu capacidad de crear, o en tu función como madre o padre. Es un mensaje de paz, en el que sabes que estás siendo sostenido por la energía y que no estás solo en esta andadura.

Insisto. No me creas, por favor. Decide si quieres abrirte a la comunicación con el campo cuántico y que tu vida salga de la lucha y del estado de no-paz en el que vives, o no. Es tu decisión y es muy respetable, al igual que entiendo que respetas mi decisión de experimentarme en la paz que soy, y te lo agradezco. Tan solo te estoy compartiendo experiencias que me llevaron de vivir en el ego terrenal, al ego espiritual y de ahí a poderlo *unir todo* en una misma energía amorosa que nos lleva a vivir en este plano de una forma mucho más ligera, en paz y sabiendo que siempre estamos siendo sostenidos por la Energía de Amor (que, por cierto, es un amor que desconocemos, porque nada tiene que ver con apegos, vínculos amorosos, romanticismo, etc.)

Y aquí te doy otro ejemplo. El orbe de energía de color verde es una luz que aparece cuando es momento de tomar conciencia profunda de algo, de soltar creencias que nos han estado limitando considerablemente y nos mantenían viviendo una vida que no deseamos. Es una energía que se comunica con nosotros cuando se nos invita a experimentarnos en nuestra capacidad de activar el amor incondicional en nuestra vida y abrir nuestra mente. Esa energía ha sido llamada arcángel Rafael, pero ya sabemos que no nos vamos a quedar en la limitación de la imagen que un arcángel pueda generar en nosotros, ni en cómo se ha llamado o el nombre que se le ha dado desde las tradiciones religiosas.

Pero la energía no solo tienes que poder llegar a verla, que puedes, porque todos podemos, sino también es el poder sentirla. Ten en cuenta que cuando hay apertura con una intención amorosa y para el beneficio de todos, el campo cuántico se relacionará contigo por todas las vías que tiene disponibles para acercarse a ti.

Y de esto te vas a ir dando cuenta cuando, de repente, tienes que tomar una decisión en tu vida y aparece una canción en la radio que te da la clave y a ti te hace sentido. O lees un cartel por la calle que te está dando la respuesta a algo que tenías en mente, quizá para decirte que sigas avanzando por donde vas, que lo estás haciendo bien, etc. Incluso puedes ver plumas en lugares en los que parece imposible encontrarlas. No es porque un ángel alado ha entrado a tu casa, se ha quitado una pluma de sus alas y la ha dejado en la esquina de tu cocina para que sepas que un ángel te acompaña, no. Se trata de la comunicación a la que puede acceder el campo cuántico para poder relacionarse contigo en función de tu nivel de consciencia. O quizá te ocurra que los números te persiguen, es decir, que hay números muy repetitivos en tu vida, o siempre miras el reloj a las 22:22 o a las 11:11, o quizá ves números capicúa, por ejemplo, 2442, 3003, 191, o números repetidos por todas partes como el 111,

444, 1313… Se trata del campo cuántico comunicándose contigo. Y siempre esconde el mensaje último de que estás siendo sostenido y guiado.

Al ser energía viviendo una experiencia humana dentro de un cuerpo físico, estamos totalmente anestesiados y limitados a la idea de que somos cuerpo y nada más. Pero cuando nos abrimos, simplemente nos abrimos a la posibilidad, fíjate qué sencillo, de que somos más que un cuerpo, de que somos energía, el campo cuántico responde de formas que parecen milagrosas. Y como hemos olvidado que todos somos la misma energía en cuerpos diferentes, que precisamente tienen la función de que podamos experimentarnos en lo que no somos para recordar lo que sí somos, seguimos viviendo desde los dramas, los miedos, los juicios, la culpa y los conflictos mentales constantes que hacen que nuestro ego sea cada vez más poderoso, dirigiendo nuestra vida mientras creemos que somos nosotros los que la estamos llevando.

Esto es lo que puedo compartirte y te comparto sobre el tema de los ángeles a día de hoy. Todo ha sido fruto de mi propia experimentación e investigación y me doy el permiso de rectificar y de cuestionarlo de nuevo, eso es lo que al fin y al cabo haría un gran científico: "no aferrarse a nada". Pero de lo que sí puedo estar segura a día de hoy, en mi realidad actual, es que esto tiene todo el sentido para mí. Y no busco que lo tenga para ti, yo solo te lo comparto para que tú decidas en qué deseas experimentarte en tu vida, según tu grado de paz o de no-paz.

Capitúlo 6

Rompiendo tabúes sobre los rituales

En todo este proceso de activación de la balanza entre las polaridades del ego terrenal al ego espiritual, me di cuenta de cómo todo lo espiritual estaba envuelto en una capa de activación del miedo muy potente.

Cada cosa nueva que aprendía y que ponía en práctica, traía su correspondiente protección, puesto que "te estabas metiendo en algo muy selectivo, que muy pocos conocen y que puede tener consecuencias negativas si no te proteges, o si no lo haces bien, o si no dices esta frase de protección al pie de la letra" (hoy leo estas palabras y la gratitud se activa enormemente en mí porque estaba tan metida en lo "espiritual" que me comenzaba a separar aún más de todo y de todos. ¡Qué liberador y qué alegría poder verlo y compartirlo con el mundo!).

Desde aquí, los rituales entraron también a formar parte de mi vida y de todo lo que iba aprendiendo en la andadura por ese ego espiritual.

Rituales con la luna para generar abundancia en los que tenías que escribir tus deseos en un papel estando la luna llena (porque si los escribías en luna menguante no lo ibas a lograr) y enterrar el papelito en una maceta o quemarlo. Y esto lo hacía cuando yo me sentía carente en todas las áreas de mi vida.

O rituales con el agua y la sal para protegerme de malas energías que sentía a mi alrededor, cuando la única que se estaba haciendo daño era yo a mí misma a través de mis propios pensamientos en bucle, de destrucción, de violencia conmigo misma, de falta de respeto a mi forma de actuar, de hablar, de pensar, de ser, pero usaba esos rituales para protegerme de los demás, porque, obviamente, yo era una víctima de los demás, yo no tenía nada que ver con los demás, y de ahí la necesidad de tener que protegerme de todos y de todo, porque vivía siendo víctima, y como tal, la vida responde atrayendo a ti situaciones y personas que den fe de ese sentir tuyo como víctima que sientes que eres.

O rituales con objetos. Recuerdo el de una tortuga de cerámica con el cuello y cabeza fuera del caparazón y levantados hacia arriba, que tenía que estar en un recipiente lleno de agua, pero sin tapar la cabeza de la tortuga, y dentro del agua tres piedras de la naturaleza, para activar la abundancia en mi vida y poder vivir desahogada. Y todo ello lo hacía en un momento en el que me sentía miserable y totalmente incapaz de poder llevar a flote el negocio que tenía entre mis manos en aquel momento. Pero ahí estaba yo, haciendo ritual tras ritual para activar la paz, la abundancia, el amor, la protección, etc.

Incluso rituales basados en otras filosofías, en los que no podías tener un espejo en la entrada de tu casa apuntando a la puerta porque si lo tenías, la abundancia tal y como entraba a tu vida salía de ella. O no tener espejos frente a la cama porque si los tenías, tu alma no iba a poder descansar por las noches debido a los espejos. O no tener cuadros con el color rojo en el salón porque eso fomentaba las discusiones entre los miembros, etc.

Rituales de limpieza de energía de tu hogar o lugar de trabajo para evitar las malas energías y la posibilidad de que todo vaya mal en tu vida por esas malas energías que habitan tu espacio.

Incluso, una duda que suele salir entre mis alumnos es en relación a los rituales que otras personas hacen para ir en contra tuya. Son los denominados rituales de "magia negra", como el mal de ojo y ese tipo de prácticas. En este punto tenemos que activar la observación para darnos cuenta de cómo este tipo de rituales nos convierten directamente en víctimas y, de alguna forma, estamos dejando todo nuestro poder en manos de una persona que es la que va a decidir el daño que te va a causar en tu vida.

Alucinante.

Seguir manteniendo creencias que limitan nuestra experiencia humana de esta forma a través de estas posibles prácticas de magia negra, es un ejemplo más de cómo quien se siente víctima en su vida sigue atrayendo realidades que confirman esa identidad de víctima, desde la que considera que el otro es el culpable de "sus males". Es cómodo, sí, porque de alguna forma todo tu poder, toda tu responsabilidad de tomar las riendas de tu vida, la estás dejando en manos de los demás. Es una postura infantil que nos da la oportunidad de evolucionar y madurar, saliendo de la queja y de ese llanto infantil que espera que llegue alguien solucionándole la vida.

> **QUIEN SE SIENTE VÍCTIMA EN SU VIDA SIGUE ATRAYENDO REALIDADES QUE CONFIRMAN ESA IDENTIDAD DE VÍCTIMA**

Utilicemos este tipo de realidades a nuestro favor para reconocer que nos estamos estancando en una posición de víctima, y al estar anclado en ella estamos necesitando en nuestra realidad seguir persiguiendo a alguien que pueda ser tu verdugo, pero en este caso, usémoslo para dar el salto y salir del modo víctima, reconociendo que estamos en él y que tenemos la oportunidad de empezar a ver las cosas de otra manera. Que tenemos la oportunidad de conectar con nuestro poder interior en el que nada ni nadie puede hacernos daño, puesto que somos nosotros los que nos estamos hiriendo a través de los demás. Pero al reconocerlo, es cuando podemos transformar nuestra realidad y salir de ese patrón mental tan limitante y desempoderante.

Hay muchos ejemplos más sobre los rituales. Ya os dije que me metí de lleno a experimentarlo todo en mi propia piel. Sentía mucha curiosidad, incluso creía que me sentía bien así. Creía.

No me estaba dando cuenta de todo lo que escondía detrás de estas prácticas.

MIEDO, y más MIEDO.

CULPA, y más CULPA.

Miedo a que la vida te vaya mal, a que te puedan hacer daño, a perder a tus seres queridos, miedo a que te puedan atacar, miedo a que te puedan invadir, miedo a que se puedan aprovechar de ti, miedo a fracasar en la vida, miedo a avanzar sin protección, miedo a lo que los demás puedan decir de ti o pensar de ti...

Pero todo eso hablaba de un miedo enorme a mí misma.

Miedo a reconocerme tal y como soy en Esencia, miedo a mis propios pensamientos sobre lo que los demás puedan o no llegar a pensar sobre mí, miedo a mis conversaciones internas sobre mi incapacidad de lograr hacer algo, miedo a mi forma de hablarme desde el no respeto a mí misma, a mi cuerpo, a mi forma de hablar, de pensar, de hacer, de relacionarme... Miedo en estado puro es lo que mantenían activas todas esas prácticas de rituales anteriormente descritas.

Y culpa. Mucha culpa. Puesto que, al sentirme tan culpable, de un modo inconsciente, mi proyección hacia afuera era ver a todo el mundo culpable de algo. Vivía la vida en la búsqueda continua de culpables, y cuando vives la vida desde ahí, los encuentras. Siempre los encuentras. Puesto que tu foco está puesto en tu identidad de víctima, y desde ahí, la vida responde a ese sentir trayéndote personas que vibren en esa frecuencia, que estén en sintonía con tu melodía interior de victimismo, y es por eso que sigues viendo a víctimas y a culpables por todas las esquinas. Pero eso no te libera ni de la culpa ni del victimismo. Al contrario, lo hace cada vez más grande, y tus proyecciones en este planeta Tierra necesitan de acontecimientos cada vez más impactantes y grandes a nivel mundial, que activen el miedo y la culpa, para que puedas llegar a darte cuenta de todo lo que hay bloqueándote dentro de ti y que ha llegado el momento de que te responsabilices de ello. Tenemos un ejemplo fresco, con la crisis sanitaria mundial, en el que se activó de forma muy potente en todos nosotros el miedo a contagiarnos y la culpa por si contagio a alguien que amo. Un ejemplo más de cómo a nivel mundial estamos comenzando a vibrar niveles de miedo y culpa extremos. Pero no olvidemos que este tipo de experiencias nos abren las puertas a poder soltar el miedo y la culpa y reconectar con la esencia que hay dentro de cada uno de nosotros y que hemos olvidado.

Y a veces necesitamos empujones grandes para que nuestra conciencia se active y dejemos de vivir la vida tan dormiditos y con tanta falta de paz.

VIVIR EN LA BÚSQUEDA CONTINUA DE CULPABLES, HACE QUE LOS ENCUENTRES EN TU REALIDAD

Y no veas la responsabilidad como una carga, que es lo que solemos entender con el tema del "ser responsable". No se trata de que cargues con nada, tú siempre lo has hecho de la mejor forma que has sabido hacerlo, acorde a tu nivel de conciencia, a tus conocimientos, a tus creencias familiares, etc. Se trata de responsabilizarnos cada uno de la parte que nos corresponde como fractales de luz dentro de un cuerpo físico que somos, pertenecientes a la misma energía de Amor. La responsabilidad se relaciona perfectamente con la frase que te compartí al inicio de este libro: "Elige perdonar, no desde una postura de víctima, sino consciente de que en ello estriba tu liberación". Es un perdón a uno mismo, porque lo hemos hecho como hemos sabido.

La responsabilidad, como capacidad de respuesta, se relaciona con nuestra decisión de escucharnos, de atendernos, de priorizarnos, sabiendo que, si yo estoy en paz, esa paz es la que se va a reflejar en mi exterior, y que si yo interiormente estoy en guerra y tengo la espada alzada porque estoy en lucha con todo y con todos, mi realidad exterior va a proyectar lo que se está moviendo dentro de mí, que es la lucha, y habrá guerra a mi alrededor. Y cuando hay guerra interior en muchos de nosotros, es inevitable que siga habiendo guerras en nuestro mundo exterior. No obstante, seguimos pidiendo por la paz, lamentándonos de las pobres almas que mueren en las guerras y de las injusticias sociales que existen, pero no tomamos la responsabilidad de lo que sí podemos hacer, que es atendernos a nosotros mismos, ver qué se está moviendo dentro de mi interior, ver dónde no estoy en paz y con quien, soltar rencores porque el rencor mata lentamente, te intoxica como veneno que te bebes tú mismo. Y sigue dándonos pena el panorama de guerras, miserias, abusos, sin reconocer que dentro de nosotros estamos en guerra con familiares, con amigos, con vecinos, y nos sentimos miserables por aquello que hicimos y que no debimos hacer, miserables por vivir con tantas preocupaciones que quitan el sueño y no dejan dormir, nos sentimos por dentro abusados por estar haciendo cosas que no queremos hacer o por estar diciendo cosas que no queremos decir pero que decimos para poder encajar y evitar el miedo al rechazo, al abandono, a la soledad; nos sentimos no respetados, no valorados... y todo eso se mueve por dentro, y al estar moviéndose dentro de ti, sale hacia afuera para hacértelo ver, para que te responsabilices y lo puedas soltar.

SI YO ESTOY EN PAZ, ESA PAZ ES LA QUE SE VA A REFLEJAR EN MI EXTERIOR

Sin embargo, se activa la pena y nos quedamos anclados en ella. Mas con pena no solucionas nada. Con pena no ayudas a nadie. Con pena no te ayudas. Con pena engordas el inconsciente colectivo que busca víctimas, verdugos y salvadores, y desde ahí tengo que darte la bienvenida a la matrix de ego en la que estás metido de pies a cabeza y desde la que no puedes lograr vivir en paz. Esto no significa que rechaces la pena en tu vida, sino más bien que cuando la sientas, la pena o cualquier emoción sea la que sea, no la rechaces, no huyas de ella, no la intentes ocultar ni esquivar. Vívela, siéntela, date el permiso de experimentarte en ella desde la aceptación de que es eso lo que estás sintiendo y no hay nada malo en ello. Al contrario, cuando nos lo permitimos es que vamos a poder gestionar esa emoción de una forma mucho más respetuosa contigo misma y con tu proceso de evolución. Lo interesante en este punto es saber que cuando se activa una emoción en nosotros, tenemos la oportunidad de hacernos observadores de esto que estamos sintiendo y que nos va a llevar a que lo podamos soltar. Y todo parte de una decisión, de una elección consciente.

> **CON PENA NO AYUDAS A NADIE. CON PENA ENGORDAS EL INCONSCIENTE COLECTIVO**

A veces, estamos tan desconectados de nuestra esencia que si, por ejemplo, estás viviendo una situación conflictiva a tu alrededor, y paras y te preguntas "¿esto que estoy viviendo qué me hace sentir?, ¿qué siento yo?", e intentas contestarte, a veces ni sabes lo que sientes. La desconexión contigo mismo es tan grande que no puedes ni hacer consciente lo que eso te hace sentir; lo que se remueve por dentro. Y es que estamos tan ocupados en nuestra búsqueda de culpables y necesidad de protección, que nos olvidamos de nosotros mismos y de lo que hay en nuestro interior.

Y de ahí, que los rituales puedan llegar a atraparnos con tanta fuerza, porque de esta forma estamos cediendo todo nuestro poder interior al ritual en cuestión, ya sea a la luna que es la que gracias a ella voy a lograr la abundancia si hago ese ritual o ese otro; o cediendo nuestro poder interior a esa tortuga de cerámica, de la que antes hablaba, que hará que deje de estar ahogada en mi vida; o colocaré mi hogar acorde a una disposición que me permite fluir, y que si no está de esa forma no lograré vivir zen; o me protegeré con inciensos y flores porque si no es así no lograré vivir más tranquila, etc. Como ves, todo esto deja tu poder en manos del exterior que es el que va a decidir si te mereces vivir en abundancia, amor, seguridad, plenitud, alegría, salud, paz… Y desde aquí, seguimos siendo víctimas.

Lo bueno de esto es que tú decides en qué deseas experimentarte en esta vida y qué quieres seguir alimentando.

El vivir desde aquí nos lleva a depender siempre del exterior, olvidando que dentro de nosotros hay un gran potencial deseoso de que conectemos, por fin, con él.

Pero no te enfades, ya sabemos que necesitamos vivir estas experiencias en nuestras vidas para que gracias a ellas podamos recordar Quiénes somos. No se trata de que ahora te sientas estafado, engañado, molesto por lo que hasta ahora has hecho o dejado de hacer (si te sientes así está perfecto, pero no se trata de eso). Se trata de poder llegar incluso a agradecer cada experiencia que vas viviendo, y que te está dando la posibilidad de llegar a un nivel mucho más profundo dentro de ti. Te está dando la oportunidad de conocerte.

¿Y esto significa que ya no puedo hacer rituales que me encantan?

¡Para nada! Haz lo que quieras. Lo que sientas. Lo interesante aquí es el "desde dónde" lo hago.

Puedo hacerlo dando mi poder al exterior (al ritual en cuestión), o puedo utilizar el ritual como medio que me recuerda que el poder siempre está dentro de mí y que gracias a ese ritual voy a poder reforzar en mí el recuerdo de mi esencia. Desde aquí, ya no es que el ritual en sí sea el que genere o traiga a mi vida tal o cual cosa, sino que yo soy consciente de que todo ya está dentro de mí.

Podemos elegir activar en nosotros el ser abundante, por ejemplo, para atraer ese efecto a mi vida, que sería vivir en la abundancia. Podemos elegir activar el ser la causa sintiendo que soy Amor, y así ver el efecto en el exterior, atrayendo el amor a mi vida con personas amorosas, que son un reflejo de lo que yo misma he decidido activar en mí. De lo que yo he decidido diariamente reconocer que soy.

Sé la causa de tu vida y no el efecto.

SÉ LA CAUSA DE TU VIDA Y NO EL EFECTO

Decide ser abundante (causa) para vivir en abundancia (efecto) en todas las áreas de tu vida.

Decide ser amor (causa) para vivir en el amor (efecto) atrayendo personas amorosas a tu vida.

Decide ser paz (causa) para experimentarte en paz con quienes te rodean (efecto).

Sin embargo, siempre lo hemos intentado del revés, y nos hemos quedado en el paradigma de "la espera":

Espero a tener dinero para sentirme abundante.

Espero a tener una relación amorosa con alguien para sentir amor.

Espero a tener una relación sana con mi familia para sentir paz.

Al leer esto, puede que te sientas decepcionado, pues puede ser que lleves toda tu vida anclada en la práctica del paradigma de la espera, y de ahí que hayas hecho tantos y tantos rituales en tu vida, dándoles todo tu poder a ellos y permaneciendo a la espera. No obstante, despertemos la compasión en este momento: "No lo he sabido hacer mejor". Y tú tampoco. Y si yo fuese tú "lo habría hecho exactamente igual que tú", porque si yo fuese tú, tendría tu nivel de consciencia, tendría tus creencias limitantes, tus creencias familiares, tendría tus miedos, tus dudas, tus problemas, tu forma de actuar, porque yo sería tú por completo, y desde ahí todo se haría exactamente de la misma manera, sin ni un solo cambio (aunque tu mente egoica te quiera convencer de todo lo contrario).

Reconocer que "yo en tu lugar habría hecho lo mismo" es una grandísima liberación que hoy te comparto para que puedas, si lo deseas, comenzar a recordártelo y poder salir del juicio que nos mantiene atrapados en la búsqueda de culpables continuamente en ese intento por tapar la culpa que sentimos dentro de nosotros mismos y que aún no sabemos gestionar.

Se trata de evolucionar, y para ello necesitamos experimentarnos en las múltiples experiencias que se nos ofrecen, como pueden ser los rituales en nuestra vida. Ellos también tienen el propósito de que podamos evolucionar en conciencia. Habrá quien los use a diario confiando en la promesa del ritual (es decir, dejando todo su poder en el exterior), y habrá quien no los necesite o incluso los rechace. Pero ahora también sabemos que podemos hacer uso de ellos, si así lo decidimos, desde la conciencia de saber que el poder no se lo cedo al ritual en sí, sino que uso el ritual para recordarme el potencial que hay en mi interior; y a través del ritual me estoy recordando todo el poder que ya hay en mí. Por lo tanto, los rituales nos pueden servir para comenzar a recorrer un camino hacia nuestro interior, si lo hacemos desde la consciencia.

Capitúlo 7

Rompiendo tabúes sobre los médiums

Curiosidad. Mucha curiosidad era la que yo sentía cuando alguien me hablaba de un médium. Sentía mucho interés en conocer cómo veía, qué veía, qué escuchaba, qué sentía, cómo lo sentía, por qué lo sentía, por qué ella y no otra persona, etc.

Pero de esto al final nadie habla.

Recuerdo una experiencia vivida que me impactó mucho, en la que se me usó de ejemplo para hacer una comparación con una persona que estaba comenzando a abrirse a la energía del campo cuántico que nos une. En un principio creía que lo estaban desvalorizando, pero ahora entiendo el para qué viví aquello y por eso te lo comparto.

Quizá lo que voy a compartirte a continuación te rechine, querido lector, quizá no lo compartas, quizá no te guste lo que vas a leer (porque en el fondo resuenas con esta información y tu ego la quiere rechazar), pero qué más da. Este libro no está hecho para caer bien, este libro está escrito para colapsar nuestras mentes limitadas y que el reseteo pueda comenzar si así lo decidimos.

De alguna manera, las personas necesitamos sentirnos ESPECIALES en nuestra vida, y en ese intento de sentirte especial, la "espiritualidad" es una salida maravillosa.

73

¿Le has dicho alguna vez a alguien lo especial que es en tu vida? Pues bien, cuando entramos en el mundo de los "especialismos", estamos entrando directamente en la mayor trampa de nuestro ego. Estamos entrando en la dinámica de "tú eres especial" y "tú tienes algo que yo no tengo, pero que tú me das, y por eso quiero tenerte cerca". Y de aquí podemos ver cómo la palabra "especial" hace referencia a ser "diferente". "Tú eres diferente a mí y tienes algo que yo no tengo y que me puedes dar al estar cerca de ti".

Que alguien te diga eso te encanta. Que alguien te considere tan especial, tan diferente que le da sentido a su vida el tenerte cerca, es algo tan maravilloso (o eso te dice el ego). Que te digan que eres una persona super especial y que estar a tu lado los llena, es algo que te encanta escuchar, es algo que te hace creer que tu vida tiene sentido. Y acabas creyéndotelo por completo. Acabas creyéndote lo especial y diferente que eres de los demás. Quizá porque ves cosas que otros no logran ver, quizá porque tienes facilidad para conectarte al campo cuántico de energía, quizá porque sabes información que otros desconocen (o, más bien, no recuerdan), quizá porque puedes llegar a sentir lo que otros sienten en tu propio cuerpo, quizá porque puedes comunicarte con seres fallecidos, etc. Y todas estas habilidades te convierten en médium, haciéndote sentir muy especial. Muy diferente.

Y esto nos lleva a darnos cuenta de que hemos entrado en el ego espiritual. Hemos entrado en la polaridad de un ego que por su naturaleza todo lo ve de forma separada y limitada, y el hecho de que tú seas médium te hace vivir en una separación total con las demás personas que te rodean, porque tú puedes hacer y sentir ciertas cosas que "ellos no pueden", y como no pueden, te van a buscar, te van a necesitar. Y así te conviertes en salvadora de esas personas que te necesitan para su felicidad, porque ellas no tienen las habilidades que tienes tú, ni ven lo que ves tú, ni pueden comunicarse con el campo cuántico como lo haces tú (o eso creen, que no pueden).

Al convertirte en salvadora de esas personas que te buscan, que te necesitan, que te llaman, te sientes especial, te sientes querida, sientes que tu vida tiene sentido, pero estás completamente atrapada por el ego espiritual. Y al estarlo, no vas a poder vivir en paz, porque siempre necesitarás de esa aprobación exterior para que tu vida pueda avanzar. Siempre necesitarás que los demás te necesiten para sentir que tu vida merece la pena ser vivida y que tiene algún sentido.

Y así estás generando dependencias. Tú, médium, te haces dependiente de ellos, y ellos se hacen dependientes de ti, porque tú tienes algo que "ellos no tienen" y que tú les das. Pero esto es totalmente debilitante para ambas partes, pues ambos sois adictos a una relación que se vuelve tóxica, que se vuelve dependiente, y esto es CARENCIA.

Estáis vibrando en carencia, en necesidad y en victimismo cuando ellos te buscan para que les digas qué tienen que hacer. Cuando el médium entra en la necesidad de que lo necesiten, si ve que no lo necesitan se siente víctima de la vida, siente que no lo entienden, que pertenece a otro mundo, y ahí se victimiza.

Sin embargo, esto parece, en un principio, que te da paz, porque al creerte que no perteneces a este plano, que eres de otro planeta, te alejas cada vez más de quienes te rodean, y cada vez te sientes más y más especial y diferente. Cada vez estás más y más dentro del ego espiritual que te hace verlo todo desde la separación y tú te conviertes en víctima de un mundo que no te entiende, que no se abre, que lo juzga todo.

Pero ya sabemos que todos esos juicios hablan de uno mismo, y quien no se entiende, quien no se abre y quien lo juzga todo eres tú mismo, que lo estás viendo a través de los demás. Todo esto nos muestra el hermetismo en el que entras cuando estás en la polaridad del ego espiritual.

Y es natural el sentir la necesidad de tener que protegerte, porque te sientes atacada por quienes no te entienden, por quienes no te necesitan, por quienes no se abren a escucharte y directamente te juzgan. Pero ya sabemos que todo eso habla de nuestro mundo interior y de los bloqueos que nuestros propios pensamientos generan en nosotras. Si tuviésemos que tenerle miedo a algo, debería ser a nuestros propios pensamientos egoicos; no obstante, también sabemos que tenemos la capacidad de decidir el no darle ningún poder a los pensamientos que tenemos para poder trascenderlos. Pero eso es una decisión consciente que tenemos que tomar cada día.

> **SI TUVIÉSEMOS QUE TENERLE MIEDO A ALGO, DEBERÍA SER A NUESTROS PROPIOS PENSAMIENTOS EGOICOS**

La falta de entendimiento por parte de los demás, habla de las incoherencias en las que vives tu día a día, en la defensa de un personaje que se aleja de tu esencia más pura, del ser de luz que Eres y que todos Somos.

La falta de escucha por los demás, revela la desconexión y la falta de escucha propia.

LA FALTA DE ESCUCHA POR LOS DEMÁS, REVELA LA DESCONEXIÓN Y LA FALTA DE ESCUCHA PROPIA

Los que te juzgan te dan la oportunidad de que no hagas tuyas esas carencias de las que hablan y en las que cojean, te dan la oportunidad de que trasciendas tus propios juicios hacia ti misma. Los juicios que recibas te dan la oportunidad de evolucionar en el Amor que eres. Un Amor que no juzga, que tan solo ama, y lo ama todo, absolutamente todo, sabiendo que vivimos en un mundo polarizado en el que aparece el que te juzga y también el que te adora, pero no especialices ni a uno ni a otro. Sal del juego de la matrix que nos convierte en víctimas, verdugos y salvadores. Hazte observadora de tu propia vida y ábrete a cada experiencia que vivas porque te da la oportunidad de poder trascender tus propios pensamientos limitantes y conectar con la paz, la libertad, la abundancia, el amor. La oportunidad de conectar con nuestra esencia que hemos olvidado y que cada experiencia que vivimos nos abre la puerta para que lo podamos recordar. Para que dejemos de identificarnos con el cuerpo físico y podamos ir hacia el interior.

Estas palabras afloran así, y no son consejos, son palabras que me digo a mí misma a través de ti, *no para creerlas, sino para decidir vivir en paz* o seguir en bucle con la cantidad de dramas que nuestra mente genera a diario, buscando culpables y activando miedos.

Cuando digo que "no son consejos" me gustaría compartirte que el que aconseja es el ego. Si te das cuenta detrás de un consejo hay expectativas en relación a que ese consejo que doy, me lo haya pedido o no, espero que lo lleve a cabo porque es "lo mejor" que puede hacer en este momento. EGO.

EL QUE ACONSEJA ES EL EGO

Si das un consejo a alguien de alguna forma esperas que esa persona haga lo que le has dicho que debería hacer. Y ahí hay expectativa, hay espera, y sobre todo hay control. El ego se ha colado por la puerta grande. El control maquillado ha entrado en escena y a través de esa aparente muestra de amor dada en forma de consejo, estás interiormente juzgando lo que ha hecho o dejado de hacer, y al ofrecer el consejo desde el juicio pretendemos mantener controlado aquello que se nos escapa al control, como puede ser la vida que lleve mi hijo, o mi pareja, o cualquier persona a la que puedas darle un consejo.

Reconocer que hay control dentro de nosotras, que somos controladoras, suele doler bastante. Incluso quien considera que no lo es en absoluto, si en tu vida ves a personas que intentan controlarte, o que controlan a otros, si lo ves y te remueve, ya sabes que dentro de ti hay algo de control, te guste más o menos. No se trata de luchar contra el control, ni de rechazar que esté dentro de ti, se trata de observarlo, de darnos cuenta de cómo es nuestro ego en acción, para poder decidir si le seguimos dando realidad o no. Enfocarse en el presente y activar la gratitud nos saca del control, nos saca del ego y nos abre la puerta a conectar con quienes Somos.

ENFOCARSE EN EL PRESENTE Y ACTIVAR LA GRATITUD NOS SACA DEL CONTROL, NOS SACA DEL EGO Y NOS ABRE LA PUERTA A CONECTAR CON QUIENES SOMOS

De esta forma, bienvenido sea el control a nuestra vida, si darme cuenta de que hay control dentro de mí me va a permitir soltarlo y evolucionar hacia el recuerdo de quien Soy. Pero esto es un acto de humildad, de bondad contigo misma. Es una cuestión de desear estar en PAZ.

Por lo tanto, comparte lo que sientes, lo que sabes, lo que has vivido y experimentado, desde la libertad y la paz de saber que aquello que compartes lo sueltas y no esperas a que nadie lo coja o no lo coja, no esperas nada. Compartir sin expectativas nos libera, nos hace libres. Y para ir más lejos, compartir sabiendo que *"todo lo que doy es a mí misma a quien se lo doy"*, nos da la mano a evolucionar en la Unidad, nos guía hacia el reconocimiento de que todos somos parte de la misma energía de Amor infinito viajando en cuerpos físicos. Que nuestro cuerpo sea diferente del que tengo enfrente no significa que yo sea diferente de lo que tú eres, aunque me crea que sí, pues el cuerpo es la herramienta más potente que tiene el ego de hacernos creer que somos cuerpo y que somos diferentes y especiales.

Comparte sin necesidad de entrar a dar consejos a nadie de nada. Que cada uno elija y decida lo que considere. Estar a la expectativa de que apliquen o no tu consejo te atrapa y te mantiene ansioso, y si finalmente no usan tu consejo entra en juego la decepción, el enfado, el "ya te lo dije", "ya lo sabía yo", y esto nos lleva a la matrix del juicio continuo y a seguir reviviendo las mismas experiencias de decepción una y otra vez con cada vez más personas, precisamente para que nos demos cuenta de la decepción que hay dentro de nosotros mismos y poder soltarla, poder trascenderla, ya que si no seguirás necesitando a culpables que sigan decepcionándote una y otra vez. Sin embargo, ya sabemos que esos culpables se convierten en nuestros mejores aliados en el plan de nuestra alma para poder evolucionar. Es solo que cuando esto pasa, y nos quedamos en el juicio, hacemos la pelota más grande hasta que revienta, y ahí es cuando nos empezamos a dar cuenta de algo. En ocasiones parece que, si no revienta, no nos enteramos de lo que está moviéndose en nuestra vida y de lo que tenemos que aprender a soltar ya. Pero sabiendo esto, ¿qué necesidad tengo de esperarme a que reviente la pelota? Yo ninguna, y por eso hoy estoy escribiendo estas palabras, porque al compartir lo que he vivido, experimentado y aprendido en mi experiencia, puedo seguir integrando en mi vida todo aquello que me conecta con la paz que soy, con la paz que somos.

Y en este punto, quiero agradecer a cada una de las médiums y canalizadores que he conocido en mi vida, que me han inspirado, me han dado consejos, y que me han permitido indagar en el ego espiritual, porque ya he comprendido que en esta encarnación puedo soltarlo, puedo trascenderlo y vivir en paz, conectada, guiada y sostenida por el campo cuántico. He comprendido que todas esas experiencias egoicas eran justamente las que mi alma necesitaba para poder evolucionar.

Todos somos médiums.

Todos podemos conectar con nuestra energía interior y ser canalizadores, porque todos formamos parte de la misma energía de Amor del campo cuántico. Somos fractales de esa energía dentro de nuestro vehículo en la tierra, que es el cuerpo físico. Y al ser todo energía, todos estamos conectados a la misma Fuente, con la que podemos relacionarnos si nos permitimos ir soltando todo aquello que descubramos que nos pesa y que ya no necesitamos (control, miedo, culpa, rabia, rencor, tristeza, injusticia, envidia, traición, decepción, frustración, impotencia…). Si ves algo de esto en tu vida, tienes que saber que puedes decidir soltarlo de una vez, porque en ese caso es tu ego el que lleva las riendas de tu vida, y no te estás enterando de nada, aunque te creas que lo controlas todo. Y este creer que lo controlas todo te llevará a experimentarte en situaciones cada vez más grandes y complejas que se escapen de tu control y que te atrapen en los juicios, en la rabia, en la decepción, en el victimismo… y así no puedes vivir en paz, por más que lo intentes.

> **TODOS PODEMOS CONECTAR CON NUESTRA ENERGÍA INTERIOR Y SER CANALIZADORES, PORQUE TODOS FORMAMOS PARTE DE LA MISMA ENERGÍA DE AMOR DEL CAMPO CUÁNTICO**

Y si aun así sigues pensando que dentro de ti no hay control, porque tú no eres controladora, te dejo un ejemplo en dos polaridades para una mejor comprensión. Se trata de aquellas personas que son muy controladoras pero que no lo reconocen y observamos los dos extremos. Por un lado, personas que tienen tendencia a acumular muchas cosas en casa, y a no tirar nada porque todo les podría servir. Y, por otro lado, tenemos a quienes tienen su casa con todo totalmente al día, con un orden impoluto. No hay cajones desordenados, todo tiene su sitio exacto al milímetro, y no acumulan porque lo que tienen saben exactamente dónde lo tienen y cómo está colocado. Ambos casos son ejemplos de personas controladoras. En el primer caso de acumular cosas en casa y haber desorden, la persona está queriendo controlar que su miedo al abandono y a la soledad no se activen, de esa forma acumula para sentirse arropado, aunque sea de trastos. Y en el otro ejemplo, la persona, al tenerlo todo bajo control, sin acumular y saber dónde se ubica al detalle y cómo se coloca cada cosa en su casa, le da seguridad al saber dónde está todo en cada momento. De hecho, cuando algo no está en su lugar, entra en grandes estados de ansiedad, enfado y bloqueo, pues se le ha activado su miedo al abandono y a la soledad, al no tener disponible aquello que creía que tenía. Todo esto es inconsciente, y ni saben que actúan así por miedo.

De esta forma, el miedo a la soledad te lleva a vivir continuamente experiencias que pongan de manifiesto este miedo que sientes y que no aceptas. Pero precisamente porque lo sientes, puedes elegir soltarlo. ¿Cómo? Aceptando que está ahí, perdonándote porque no lo has sabido hacer mejor, te estás haciendo daño a través del otro o de las circunstancias dolorosas que vivas, y permitiéndote soltar ese miedo para que sea la energía de amor la que inspire tu vida y deje de estar en manos del miedo, en manos del ego. De esta forma, vamos viviendo acontecimientos en nuestras vidas que nos dan la oportunidad de ver todo aquello que llevábamos dentro de nosotros y que nos mantenía en lucha y sufrimiento inconsciente. Al llegar a nuestra vida experiencias que ponen ese miedo al abandono o a la soledad de manifiesto, podemos decidir soltarlo, previa aceptación, para abrirnos a nuevas experiencias inspiradas por el Amor que somos.

Y regresando a los médiums, después de este ejemplo, tenemos que tener claro que nadie es más especial que nadie. Salgamos de los "especialismos" que tan solo nos han condenado a seguir viviendo en un mundo de separación, de rivalidad, de control, de envidia, de lucha y sacrificio. Todos somos lo mismo en esencia, aunque no lo recordemos. Todos podemos comunicarnos con el campo cuántico (QUE ES AMOR), ya que él se comunica con nosotros continuamente, es solo que no sabemos escucharlo y, a veces, tampoco queremos escucharlo, ya que se activan miedos derivados de lo que hemos creído que era la espiritualidad: ver fantasmas, hablar con muertos, seres feos que te pueden atacar, posesiones... y ver todas esas cosas monstruosas son nuestros propios miedos proyectados, que van aumentando a medida que les vamos dando más realidad, y todo ello ¡despierta el miedo! Y vivimos dominados por el miedo, recordando así que nos encontramos en el ego espiritual.

De hecho, el campo cuántico soy yo misma comunicándome conmigo misma desde otro plano. Para que puedas comprenderlo, visualiza el fondo del mar. Todo es agua de mar. El agua lo envuelve absolutamente todo. A continuación, mete dentro del agua una botella vacía y abierta. Observa cómo la botella comienza a llenarse por completo de agua de mar hasta llenarla. Los límites de la botella la mantienen sabiendo que es botella, sin embargo, todo su interior está lleno de la misma esencia, del agua de mar que todo lo envuelve. Toda la información que está formando el océano se encuentra dentro de esa botella rellena de agua de mar, aunque la botella se crea que es botella sin más, tiene en su interior todo el potencial latente y disponible a su alcance. Tiene dentro toda la sabiduría del océano en las gotitas que conforman el interior del recipiente.

EL CAMPO CUÁNTICO SOY YO MISMA COMUNICÁNDOME CONMIGO MISMA DESDE OTRO PLANO

Lo mismo nos ocurre a nosotros dentro de nuestro cuerpo físico. Nos creemos cuerpo y no nos damos cuenta de que somos energía ilimitada, que se encuentra limitada por nuestro cuerpo, nuestra envoltura terrenal, y estamos rodeados completamente de la misma energía que siempre nos sostiene, nos guía, nos informa y nos acompaña desde otro plano. Nuestro cuerpo sería como el papel de la envoltura de un caramelo, y el caramelo lo que realmente somos, y al quitar la envoltura el caramelo se derrite y forma parte del todo.

De ahí que todos podamos comunicarnos con el campo cuántico, porque somos seres canalizadores por naturaleza. Y cuando digo canalizadores, me refiero a que podemos sobrepasar los límites de nuestro cuerpo y llegar a sentir la fusión de nuestra propia energía con la del campo cuántico, que es la misma, y así conectar con la Unidad que somos y formamos.

TODOS PODEMOS COMUNICARNOS CON EL CAMPO CUÁNTICO, PORQUE SOMOS SERES CANALIZADORES POR NATURALEZA

Sin embargo, continuar alimentando lo especiales y diferentes que son unas personas con respecto a otras, nos va a seguir manteniendo en la lucha, la comparación, el victimismo, la envidia, la injusticia, etc. Por suerte, podemos comenzar a abrirnos a otro tipo de pensamientos en nuestras vidas en comunicación con el campo cuántico.

Cierro este capítulo con una frase de Marta Salvat: "Gracias por ayudarme a trascender los pensamientos porque son sólo pensamientos y no tienen ningún poder si no se lo doy. Gracias".

Capitúlo 8

Rompiendo tabúes sobre lo masculino y lo femenino

Comienzo este capítulo desde la aclaración de que una cosa es el sexo con el que nacemos, masculino/femenino, otra el género de la persona, hombre/mujer..., y otra la orientación sexual de cada uno, que es básicamente con quien desea compartir experiencias sexuales y vida.

Cada uno va a ir transitando su vida acorde a aquellos aprendizajes que necesite integrar ella misma y todo su transgeneracional. Para que podamos ir comprendiéndolo mejor, te doy este ejemplo. Si una familia ha sido excesivamente reservada con todo lo relacionado con el sexo, incluso hecho tabú el hablar del tema, quizá influido por creencias religiosas, las generaciones siguientes llegarán inclinando la balanza hacia el otro extremo, mostrándose muy abiertos a temas de sexo, a experimentar con el sexo públicamente y a hacer todo lo que había sido tabú dentro de su clan familiar.

Ya sabemos que vivimos en un planeta de polaridades, y entre todos nos vamos ayudando a ver dónde nos encontramos y hacia dónde vamos. De cualquier forma, la experimentación en este plano Tierra resulta necesaria para que podamos evolucionar y aprender lo que hemos venido a aprender en última instancia.

En la sociedad actual se mueve mucho el rechazo hacia todo aquel que no vea las cosas como cierto círculo de personas, no obstante, eso forma parte de la cárcel mental que nos hemos impuesto y en la que nos hemos creído que vivimos.

Para ser más gráficos, imagina que tienes frente a ti dos barrotes de cárcel a los que te agarras con tus manos. Tu cabeza intenta meterse entre los barrotes sin éxito alguno y quedando medio atascada en el intento de escape. Al no lograrlo, sigues intentando una y otra vez el poder salir de ahí, y para ello aprietas con todas tus fuerzas los barrotes hacia los lados, empujas tu cabeza con más fuerza mientras haces pequeños giros de un lado a otro para intentar colarte entre ellos, pero sigues sin poder salir.

Básicamente, ahí estamos.

Tenemos frente a nosotros una cárcel que nos mantiene luchando para salir de ella, con todo nuestro foco puesto en la idea de tener que luchar cada vez con más fuerza y aunando impulsos de coraje para poder salir de ahí, sin darnos cuenta de que, si nos damos el permiso de relajarnos un poco y ampliar nuestra visión mirando a nuestro alrededor, tenemos vía libre para salir por cualquier sitio. De hecho, no existía tal cárcel, eran solo dos barrotes ahí delante de nuestra visión y a los que nos hemos agarrado y aferrado en la lucha por lo que creíamos que era nuestra libertad.

Quien se considera una persona luchadora, porque así se siente en la vida, debe saber que cuando llevas por bandera la lucha, va a necesitar en su experiencia de vida "guerra" a su alrededor, para que la lucha con la que se identifica tenga sentido.

QUIEN SE CONSIDERA LUCHADORA VA A NECESITAR EN SU EXPERIENCIA DE VIDA "GUERRA" A SU ALREDEDOR

Vivirás experiencias en las que te sientas atacada y en las que te tengas que defender de quien te ataca, sufrirás por quienes no te tratan con respeto, vivirás juzgando a los demás y ese será tu deporte preferido, atraerás a personas que te den de lado, que te defrauden, que se aprovechen de ti, etc., y todo ello, porque tu bandera es la de "soy luchadora", y para honrar la bandera, como he dicho anteriormente, la guerra estará presente a diario en tu mente y, por ende, en tu entorno.

Estamos en una era de grandes y profundas tomas de conciencia, donde la información llega de un extremo del planeta a otro en un instante. Lo mismo ocurre con la apertura mental que estamos experimentando, y en la que nos estamos dando cuenta de cuántos patrones mentales cargábamos encima, e incluso defendíamos a muerte, por la simple razón de sentirnos pertenecientes y no excluidos, ya sea en un extremo o en otro. Cargamos patrones mentales, religiosos, familiares, deportivos, políticos, económicos, etc. Y un día te das cuenta de cuánto te ha costado seguir sosteniendo todos estos patrones.

Todos tenemos dentro de nosotros una parte femenina y una parte masculina, independientemente de tu sexo, de tu género o tu orientación sexual. Eso nada tiene que ver en este punto, ya que todo ello forma parte del rol, del personaje egoico, que hemos seleccionado para experimentarnos en él en esta vida y poder evolucionar nosotros y quienes nos rodean.

Esa parte masculina y femenina que se encuentra dentro de nosotros nos invita a que podamos aprender a amar tanto a una polaridad como a la otra a través de las personas que vamos teniendo frente a nosotros y que nos van mostrando lo masculino y femenino arquetípicamente.

De ahí, que afloren tantos rechazos dentro de nosotros y hacia los demás. Lo podemos ver en este ejemplo: Si no aceptas la parte femenina que mamá te mostró en tu infancia, por considerarla débil o incapaz de expresar lo que necesita, quedará escrito en tu inconsciente la necesidad de rechazar todo lo que tenga que ver con lo femenino, puesto que para ti, en tu realidad, es sinónimo de pequeñez, de debilidad, de no poder expresarte ni comunicar lo que necesitas, y como eso es algo en lo que no te quieres ver, lo rechazas, y al rechazarlo, la lucha con tu lado femenino te persigue. Lo cual quiere decir, que, aunque te hayas ido al otro extremo y hayas masculinizado tu experiencia de vida, en tu intento de "no ser como mamá", la realidad te está pidiendo a gritos que te vuelvas a abrir a aquello que has rechazado, porque forma parte de ti, y reconozcas el valor que ha tenido esa experiencia para ti en tu vida. Desde el aprendizaje la paz aflora. Quizá el aprendizaje esté relacionado con la necesidad de aprender a amar la parte femenina, a reconciliarte con ella y a abrirte a experimentar también todo el potencial que ofrece a niveles que desconocías, como por ejemplo la capacidad creativa y de crear, o la intuición. Sin embargo, al masculinizar tu experiencia, porque estás polarizada, te encuentras en el hacer excesivo, en la acción continua, quizá con dificultad para poder ser la madre que tus hijos necesitan, sintiéndote cada vez más desconectada de tu Ser y agotada en tu día a día, y quizá hasta tu cuerpo físico hable a través de este estrés mental inconsciente en el que vives y tengas desórdenes con el periodo, por ejemplo.

DESDE EL APRENDIZAJE LA PAZ AFLORA

Pero también podemos verlo a la inversa en casos en los que el rechazo hacia lo masculino que hemos visto desde pequeños nos lleve a polarizarnos hacia la experimentación excesiva de lo femenino. De hecho, puede que incluso a nivel transgeneracional, las mujeres de tu clan hayan ido acumulando un resentimiento hacia los hombres que hace que tú lleves esas memorias para que las puedas solucionar, puesto que tú ya dispones de muchos más recursos de los que disponían tus antepasados, que tan solo se quedaron en el resentimiento atrapados. Y debido a esto, puede ser que la siguiente generación, tus hijos, por ejemplo, rechacen a los hombres por fidelidad a ese rencor tan grande y doloroso que carga el árbol familiar. Este es solo un ejemplo de las múltiples variantes que podemos ver y experimentar.

«LA IRA ES UN VENENO QUE TE TOMAS TÚ ESPERANDO QUE MUERA EL OTRO» WILLIAM SHAKESPEARE

Ya sabemos que cuando estamos en lucha contra algo, la guerra entra en nuestras vidas y es el hilo conductor de cualquier cosa que hagas o emprendas, puesto que será la bandera de tu barco. Pero en un teatro de guerra, hay víctimas y victimarios, de hecho, se van rotando los papeles de víctima o de victimario según la escena que toque representar. De tal forma, que puedes ser el que inflige un daño a una persona, pero luego convertirte en víctima en tu día a día. Con esto quiero decir, que cuando rechazamos a alguien, porque la hemos juzgado, y eso nos hace experimentarnos en la otra polaridad, el rechazo en el que estamos, nos lo estamos haciendo a nosotros, puesto que en nuestro interior existen ambas polaridades, y quien va a sufrir las consecuencias de ese rechazo es uno mismo.

Si dentro de nosotros hay rechazo, si nuestra película interior tiene el título de "rechazo", vamos a proyectar hacia afuera una realidad en la que me rechazan; en la que yo veo el rechazo de otros hacia otras personas y eso me afecta; y en la que el rechazo y el miedo a él van a estar bien activos en nuestro día a día. Y esto no es para lamentarnos, esto es para que podamos ver qué hay dentro de cada uno y nos responsabilicemos de ello. Si no nos responsabilizamos de nuestra parte, seguiremos buscando culpables, vibraremos en victimismo, atraeremos a más verdugos, y a salvadores de nuestras miserias, y seguiremos dando realidad a un mundo desolado.

Tenemos la posibilidad de honrar a nuestros padres en esta vida. Y eso significa que podemos trascender la información que ellos no supieron trascender, y lo cual nos abrirá un abanico de posibilidades desde un estado de paz y compasión. Honrar a nuestros padres es poder llegar a darles las gracias por haber sido la vía por la que hemos llegado al planeta Tierra. Es agradecerles que son los padres perfectos que nuestra alma necesita para evolucionar en los programas limitantes que tenemos, y de los que ahora empezamos a darnos cuenta y, desde la consciencia, podemos crear nuevas opciones desde la libertad y la paz.

> **PODEMOS TRASCENDER LA INFORMACIÓN QUE NUESTROS PADRES NO SUPIERON TRASCENDER, SABIENDO QUE ELLOS SON LOS PADRES PERFECTOS QUE NUESTRA ALMA NECESITA PARA EVOLUCIONAR EN SUS PROGRAMAS LIMITANTES**

Dejar la lucha con mamá y papá, dejar la lucha con lo masculino y femenino, nos permite experimentarnos en nuevas posibilidades. Nos permite dejar de crear más problemas donde no los hay. Hasta que no tomemos consciencia de ello creeremos que tomamos decisiones en nuestra vida, pero quien las toma es todo nuestro clan familiar herido y que necesita evolucionar a través de ti y tus aprendizajes.

> **DEJAR LA LUCHA CON MAMÁ Y PAPÁ NOS PERMITE EXPERIMENTARNOS EN NUEVAS POSIBILIDADES. HASTA QUE NO TOMEMOS CONSCIENCIA DE ELLO CREEREMOS QUE TOMAMOS DECISIONES EN NUESTRA VIDA, PERO QUIEN LAS TOMA ES TODO NUESTRO CLAN FAMILIAR HERIDO**

Te pongo un ejemplo, si de pequeño la figura de papá era muy autoritaria, y de hecho cuando llegaba de trabajar el padre, lo primero que decía mamá a los hijos, justo antes de abrirle la puerta era "no quiero ni un problema, ni un llanto", has crecido reprimiendo tus emociones e integrando que delante de lo masculino no se puede prácticamente ni hablar, y tienes que esconderte o reprimir lo que sea que estés sintiendo. Esto se traduce en problemas de adulto con las figuras que consideras de autoridad, como puede ser un jefe, tu pareja, el doctor, tu responsable en el trabajo… y te ves agachando la cabeza cada dos por tres, porque delante de la "autoridad" no se habla de problemas ni se pueden expresar las emociones, por lo tanto, mejor agachar la cabeza y tragar. Y luego llegan las depresiones, la ansiedad, la apatía, la falta de energía, las bajas… y no sabemos qué ocurre.

Pero tan solo se trata de información de nuestro inconsciente que está aflorando para que sea atendida. No para que te deprimas aún más o te hagas aún más la víctima. Sino para que tomes responsabilidad de lo que se ha activado en ti y que ahora puedes soltar.

Y cierro este capítulo recordando que la manera en la que tenemos de *llegar al Amor* es *amando* a quienes nos acompañan en este camino de vida, que nos enseñarán a amarnos a nosotros.

> **LA MANERA QUE TENEMOS DE *LLEGAR AL AMOR* ES *AMANDO* A QUIENES NOS ACOMPAÑAN EN ESTE CAMINO DE VIDA, QUE NOS ENSEÑARÁN A AMARNOS A NOSOTROS**

No es casualidad el lugar en el que has nacido, no es casualidad la familia que tienes, no es casualidad la pareja con la que convives, o la pareja que no tienes actualmente, no es casualidad los hijos has concebido o que no puedes concebir… tenemos que aprender lo que es el Amor, y eso lo conseguimos a través de todas las experiencias que vamos viviendo. Así que, no las rechaces, acéptalas para que no tengas que repetir la lección y puedas llegar al aprendizaje que traen en tu vida. Tu alma las necesita para evolucionar en la paz y el amor que somos y que hemos olvidado que somos. Más adelante podrás ver más ejemplos.

Capitúlo 9

Rompiendo tabúes sobre los oráculos

De pequeña le había tenido mucho miedo a los oráculos y a sus posibles predicciones de acontecimientos en la vida de una persona. Hoy puedo encajar el *puzzle* y compartírtelo. Hoy puedo ver el para qué me había experimentado en ese miedo a relacionarme con los oráculos.

Desde la antigüedad, los oráculos eran fuentes de adivinación para todos aquellos que querían conocer su futuro.

Lo que el oráculo mostraba estaba limitando de alguna forma todo el potencial futuro de esa persona, pues al ser fuentes adivinatorias, parece que, una vez conocido el futuro, todo se congela y estamos predestinados a los límites de la predicción.

¡Y nada más lejos!

Aquí regresamos al bucle en el que nuestro ego nos atrapa y nos mantiene vibrando en miedo, siendo víctimas de una vida que hace con nosotros lo que quiere, y en la que no podemos hacer nada por estar todo predicho. Mantenernos ahí, le encanta a nuestro ego.

Los mensajes de los oráculos están limitando las infinitas posibilidades que están disponibles para nosotros en el campo cuántico. Es solo que nuestra mente limitada no puede abrirse a posibilidades que desconoce, por el miedo a lo desconocido que aflora. No obstante, el poder darnos cuenta de ello ya nos convierte en observadores de nuestros propios miedos, y nos da la opción de poder soltarlos.

Un oráculo pretende guiar el camino de quien lo solicita, pero anclarnos al mensaje predicho del oráculo estaría limitando nuestra capacidad de co-crear la vida que merecemos por el simple hecho de estar viviendo aquí en la Tierra.

Cuando especializamos a los oráculos, es decir, cuando consideramos que el oráculo es el que me va a dar la información que yo no tengo, estamos cometiendo un error importante. Y es que hemos entrado en el juego de los "especialismos" en el que "tú tienes algo que yo no tengo".

Dentro de cada uno de nosotros ya se encuentra toda la información del campo cuántico, tal y como te compartí con el ejemplo del océano y la botella. El oráculo se encuentra dentro de ti, el oráculo eres tú, tu Luz. Por lo que considerar que un oráculo te va a dar algo a lo que tú no tienes acceso, te está manteniendo atrapado en tu mente limitada y carente.

> **DENTRO DE CADA UNO DE NOSOTROS YA SE ENCUENTRA TODA LA INFORMACIÓN DEL CAMPO CUÁNTICO**

En mi realidad, los oráculos han pasado de ser una fuente mágica con capacidad de determinar mi futuro, a un recurso más que puedo decidir utilizar cuando elijo ser guiada por la Energía del Amor que soy, y que ese Amor se me muestre a través de las palabras del oráculo, como una extensión más de mi Ser. Aquí, no es que yo necesite el oráculo para obtener guía, sino que decido usarlo en momentos puntuales y sin apegos, como un canal más al servicio del Amor, sabiendo que cada mensaje recibido, una vez leído, hay que soltarlo, no apegarse a él, para de esta forma poder abrirnos a las posibilidades infinitas del campo cuántico sin limitaciones.

Si te apetece usar oráculos en tu vida, úsalos. ¿Por qué no? Pero no los especialices, no tienen ninguna información que tú no tengas ya dentro de ti, disponible para ser escuchada. No caigas en la trampa del ego de limitarte a través de los oráculos. Úsalos como un recurso más que se toma y se suelta sin apegos. No limites tu gran potencial.

Cualquier mensaje que recibas por parte de los oráculos o incluso procedente de los astros, que de alguna forma nos acercan información sobre nuestra vida, son datos que podemos abrirnos a escuchar si así lo sentimos y tenemos esa curiosidad, pero algo importante que aprendí es que cualquier información que te limite, cualquier dato que te compartan sobre ti en el que te veas afectado de alguna forma, es una información que te llega precisamente para que la mires, la agradezcas y la sueltes. No dejes que nada ni nadie te limite.

CUALQUIER DATO QUE TE COMPARTAN SOBRE TI EN EL QUE TE VEAS AFECTADO DE ALGUNA FORMA, ES UNA INFORMACIÓN QUE TE LLEGA PRECISAMENTE PARA QUE LA MIRES, LA AGRADEZCAS Y LA SUELTES. NO DEJES QUE NADA NI NADIE TE LIMITE

Y aquí te comparto un ejercicio muy potente y tremendamente liberador en estos casos. Imagina que recibes una información de parte de alguna lectura de cartas del tipo que sea, o de lecturas de astros, etc., y que de alguna forma activa el miedo o te comienza a limitar porque "tu carta" decía que ahora no era el momento de, por ejemplo, dar el salto en x tema. Puedes hacer la visualización de coger toda esa información limitante, visualizarla dentro de una caja cerrada (que representa la jaula en la que esa idea se encuentra ubicada) y di en voz alta:

"Gracias por esta información que me está dando la oportunidad de coger impulso en mi vida, de ver las limitaciones a las que estaba sometida en mi día a día y que sostenía a través de la queja y el victimismo.

Gracias porque ahora elijo superar los retos desde la confianza, y me permito conectar con el Amor, la Paz, la Abundancia y la Libertad que soy y que había olvidado por completo aceptando información absolutamente limitante.

Hoy doy un salto cuántico y me libero desde la gratitud de esta información limitante que ahora veo que tenía el propósito de que yo pudiese despertar y conectar con el Amor, la Paz, la Abundancia y la Libertad que había olvidado.

Hoy permito que se expandan para mi mayor bien y el mayor bien de toda la humanidad".

Y en este momento visualízate subiéndote encima de esa caja que contiene la información limitante, porque en este momento se ha convertido en el escalón de la escalera de tu vida que necesitabas para seguir caminando desde la confianza y el empoderamiento. Observa cómo esa caja ahora es escalón que puedes pisar con firmeza para seguir avanzando en tu vida desde la paz. El escalón que llega a tu vida para ser pisado, puesto que esa es su función, y que de esta forma nada ni nadie limite lo que nuestra Esencia anhela, que es "EXPANDIRSE".

Todo lo que te limite, toda información que llegue a ti y que de alguna manera sientas que te está limitando, úsala a tu favor.

Úsala para salir de esa limitación y abrirte a nuevas experiencias y oportunidades.

> **TODO LO QUE TE LIMITE, ÚSALO A TU FAVOR.**
> **ÚSALO PARA SALIR DE ESA LIMITACIÓN Y ABRIRTE A NUEVAS EXPERIENCIAS Y OPORTUNIDADES**

Capitúlo 10

Rompiendo tabúes sobre la meditación

La meditación nos permite silenciar el parloteo mental continuo dentro de nosotros. Al meditar nos convertimos en observadores de nuestro cuerpo físico y del entorno, hasta incluso, lograr desapegarnos, y llegar a sentirnos parte de la energía Universal.

Fácilmente, nos vemos envueltos en problemas y dificultades, sintiéndonos atascados, sin embargo, a través de la meditación podemos pedir a la mente que silencie las voces incesantes que suelen bombardearla continuamente, y que preste atención al momento presente. Al eliminar las distracciones del pasado y preocupaciones inciertas del futuro, la meditación nos abre la puerta a reencontrarnos con la paz interior y esto tiene efectos en nuestra salud. El doctor Joe Dispenza nos comparte descubrimientos muy interesantes de la neurociencia, la epigenética y la física cuántica, que pueden ser inspiradores. Y destaco esta cita en la que dice: "No hay enfermedades incurables, solo hay mentes que se resisten a la curación" de su libro "You Are The Placebo". Ucdm dice que, al sanar nuestra mente, el cuerpo le seguirá.

LA MEDITACIÓN NOS ABRE LA PUERTA A REENCONTRARNOS CON LA PAZ INTERIOR Y ESTO TIENE EFECTOS EN NUESTRA SALUD

Durante la meditación puede que llegue a ser consciente de un conocimiento repentino o de una solución a la que antes no había podido llegar, puesto que en el silencio mental la guía de la energía de Amor universal se siente amplificada.

Cuando comienzas a meditar, suele ser muy común tener la necesidad de crear espacios muy específicos para ello en los que no haya distracciones ni ruidos.

Esto resulta totalmente natural, puesto que cuando estás iniciándote necesitas aprender a prestar más atención, y cuantas menos distracciones tengas delante, más directa irás al logro de lo que pretendes.

Algunos de mis alumnos de la Academia AvanzAma, cuando comienzan conmigo a aprender recursos para vivir en paz en el día a día, me dicen que no pueden meditar porque no pueden dejar de tener pensamientos en su mente y eso hace que no puedan concentrarse en la guía de la meditación, ni entrar en ella. Y se sienten realmente inseguros con la idea de meditar.

Pero debes saber que todos podemos meditar y que no existe una única forma de hacerlo, ni una que sea "la buena".

Hay personas que se estresan con el hecho de pensar que para meditar tienen que sentarse de formas específicas y que, si no se sientan así, o si no colocan sus manos y los dedos de sus manos de una forma determinada, no lograrán el resultado que se espera de la meditación.

También consideran que para meditar se necesita reservar a lo largo del día un espacio de entre media hora y una hora, lo cual hace que muchas veces tengamos la excusa perfecta para no meditar.

Otras personas sienten miedo porque creen que al meditar estás entregando el control de tu cuerpo a algo o alguien que no puedes ver. Y ese pensamiento les aterroriza y las lleva de nuevo a dejar a un lado la meditación. Pero esto ya sabemos que es una protección del ego para mantenerte en el miedo y que no tomes la decisión de ir hacia adentro, de mirar lo que hay dentro de ti, ya que la decisión de atenderte, escucharte, y priorizarte lo debilita.

Para meditar no hace falta tener un espacio específico para ello, ya que se puede meditar en cualquier lugar de forma activa. Por ejemplo, cuando estás en la ducha puedes meditar simplemente conectándote con el momento que estás viviendo de agua cayendo de cabeza a pies, y sentir su contacto suave recorriendo todo tu cuerpo de forma dulce y agradable, mientras disfruta de esas sensaciones. O cuando paseas por la calle, miras al cielo, observas las nubes y conectas con el instante presente y cómo van transformándose en su contacto con el viento. O cuando pelas una naranja y conectas con su aroma, el tacto de la piel de la naranja, la temperatura, su sabor... Estás en instante presente y estás en estado meditativo.

Por otro lado, cuando meditas no estás entregando el control de tu cuerpo a nada ni a nadie, solo se trata de concentrarte en ti mismo, por lo tanto, estás fuera de peligro. No te distraigas con los miedos de tu mente porque tan solo quieren alejarte de tu paz.

> **NO TE DISTRAIGAS CON LOS MIEDOS DE TU MENTE PORQUE TAN SOLO QUIEREN ALEJARTE DE TU PAZ**

Tampoco hace falta que te sientes en posturas imposibles para ti, o en las que te sientes incómoda. Ni tampoco se necesita colocar los dedos de las manos en una posición específica, porque "si no los pones así no lograrás meditar". Se trata de que te des el permiso de relajarte y estar cómoda, no de que te sigas juzgando y poniéndotelo todo más complicado. Eso es del ego, que le encantan las complicaciones y mantenernos ocupados en los juicios.

Otra cosa es que te guste sentarte de una postura determinada porque te sientes cómoda, o te guste colocar tus manos de una forma específica porque te ayuda a concentrarte. Cada cual que encuentre su forma, la forma en la que se sienta cómodo. Pero siempre teniendo en cuenta que el poder está dentro de ti, y cuando cedemos nuestro poder al exterior (postura, manos, mantras, silencio exterior…) nos estamos debilitando y nuestros logros dependerán de complicaciones mentales que nos imponemos para no lograr ir hacia dentro.

Por ejemplo, si te han dicho que solo puedes meditar en un espacio que esté en silencio, ¿qué ocurre cuando estás meditando y llegan los ruidos?, ¿ya no puedes meditar?, ¿tienes que interrumpir tu práctica porque ya no funciona?, ¿sientes que por culpa del ruido te han sacado de la meditación? Ahí estás dejando todo tu poder al exterior y, en función de si entran ruidos o no, tú podrás o no meditar. Cuando esto ocurre, estamos a merced del exterior y desde esta postura no tenemos nada que hacer. Sin embargo, cuando nos abrimos a integrar cada ruido que pueda acercarse a nuestro campo auditivo mientras meditamos, nos sentiremos más libres, porque soy yo la que escucho el ruido y lo dejo ir, no es el ruido el que llega a mí y me saca de lo que estaba haciendo, convirtiéndose en el culpable de mi fracaso al meditar.

Por lo tanto, meditar nos invita también a tomar responsabilidad de nuestro poder interior y a aprender a dejar de buscar culpables en nuestra vida y salir de las excusas. Como por ejemplo cuando decimos que "si no tengo media hora o una hora al día libre, ya no tengo tiempo para meditar". No necesitas ese tiempo para que tu práctica meditativa sea efectiva. Puedes meditar cada mañana cuando te levantes, en el momento en el que lo sientas, y simplemente tienes que respirar profundamente por tu nariz y soltar por tu boca, agradecer un nuevo día lleno de oportunidades infinitas y hacerte disponible como un canal de Amor para el mundo (usando las palabras que tú sientas, porque no existen palabras mejores ni peores para que puedas conectarte con el campo cuántico de infinitas posibilidades para tu día). Esta práctica no toma más de 20-30 segundos y es absolutamente transformadora. Y sí, eso también es meditar.

> **MEDITAR NOS INVITA A TOMAR RESPONSABILIDAD DE NUESTRO PODER INTERIOR, A APRENDER A DEJAR DE BUSCAR CULPABLES EN NUESTRA VIDA Y A SALIR DE LAS EXCUSAS**

En mi caso, me apoyo en la práctica de despertar a mi hijo, y mientras subo la persiana inhalo profundamente y canto una canción de gratitud y buenos días que hace que se despierte con una sonrisa. Yo estoy meditando en este momento, estoy disfrutando del instante presente, estoy agradeciendo los regalos que el nuevo día me trae, además de cantar, que es algo que me motiva mucho porque me gusta y lo disfruto. Este ejemplo no es para que tú hagas lo mismo si, por ejemplo, no te gusta cantar. No te tomes esto al pie de la letra. Tan solo te comparto ejemplos para que sirvan de inspiración y observes que hay muchas formas de meditar.

Pero si meditar es darnos la posibilidad de conectar con nuestro interior, con esa esencia que nos une a todos, disfrutando el instante presente, todas las prácticas restrictivas que nos mantengan aprisionados a un tipo de meditación u otro, validando que es la única vía para conectar contigo misma, nos siguen llevando a una experimentación polarizada de la espiritualidad, en la que seguimos dando nuestro poder interior a la práctica en sí, e incluso a la posición de loto que tenemos que adoptar, o al mantra que tenemos que recitar, o a la postura de manos y dedos que tenemos que poner... así continuamos dando nuestro poder interior al exterior, y nuestro éxito dependerá de si seguimos al pie de la letra cada paso que hay que dar y cada postura que hay que hacer.

> **MEDITAR ES DARNOS LA POSIBILIDAD DE CONECTAR CON NUESTRO INTERIOR, CON ESA ESENCIA QUE NOS UNE A TODOS, DISFRUTANDO EL INSTANTE PRESENTE.**

Y esto no significa que no podamos experimentarnos en las múltiples formas que existen de meditar. En absoluto. Se trata más bien de todo lo contrario. De poder experimentarnos en todas aquellas prácticas que nos resuenen y nos llamen la atención, porque nos abrirán la puerta a que podamos encontrar nuestra propia Verdad. Es maravilloso poder tener a tantos maestros que enseñan diferentes formas de meditación. Que cada cual se experimente en la que quiera y de esa experiencia pueda soltar lo que no necesite para estar en coherencia consigo mismo.

Capitúlo 11

El para qué de las religiones

Religiones en el mundo hay muchas, y entre las diez principales tenemos: cristianismo, judaísmo, hinduismo, bahaísmo, islam, neopaganismo, taoísmo, sintoísmo, budismo, sijismo, brahmanismo, jainismo, ayyavazhi, wicca, templarios e iglesia nativa polaca.

En este capítulo no entraré, ni mucho menos, en cada una de ellas. No es relevante en absoluto en estos momentos. Sin embargo, en lo que sí voy a entrar es en el propósito que tiene el hecho de que tengamos tanta influencia de las religiones en nuestro planeta tierra.

Sí entraré en el para qué las religiones han estado, y siguen estando en muchos casos, tan presentes en nuestras vidas. Porque llegados aquí, ya sabemos que las casualidades no existen, que nada es al azar, aunque nuestra percepción humana limitada egocéntrica se crea que sí. Todo tiene una lógica interna, todo encaja a la perfección.

Recuerda que nos experimentamos en las polaridades en este plano, y necesitamos de esa experimentación para poder salir de ellas y llegar a una consciencia que las envuelva y abrace.

Las religiones de las que tenemos mayor influencia tienen varios aspectos comunes que me gustaría destacar para que podamos ir sacando a la luz el propósito que esconden.

Dios omnipotente

En primer lugar, las religiones defienden la existencia de un Dios todopoderoso (el que todo lo sabe y que se encuentra separado de todos nosotros), ya que es la divinidad que todo lo mueve. Esto hace que aparezca el miedo en todos nosotros, puesto que se trata de un ser que todo lo puede, que "nos manda aquello que merecemos" (ya sean momentos felices o una enfermedad), y esto nos mantiene atrapados en el miedo a un Dios que nada tiene que ver con nosotros, que es grande y nosotros pequeños, que lo sabe todo y nosotros nada, y que está totalmente separado y elevado en otro plano.

Cuando la Energía Universal (el Amor), claro que es omnipotente, pero nunca ha estado ni estará separada de nosotros. Formamos parte de esta energía amorosa, aunque nos hayamos creído que nos encontramos separados de ella.

> **LA ENERGÍA UNIVERSAL ES OMNIPOTENTE Y NUNCA HA ESTADO NI ESTARÁ SEPARADA DE NOSOTROS. FORMAMOS PARTE DE ESTA ENERGÍA AMOROSA**

Dios omnipresente

Por otro lado, en las religiones el papel de Dios hace referencia a un ser omnipresente (el que todo lo ve y todo lo juzga). Esto hace que aparezca la culpa en todos nosotros. Las religiones, a través de lo que consideran bueno y malo, lo que hay que hacer y lo que no, nos despiertan la culpabilidad al no hacer o seguir lo que la religión dicta que hay que hacer si quieres ir al cielo y evitar el infierno, es decir, sigue sus dogmas si no quieres ser castigado.

Con esta concepción, Dios tiene el poder de juzgar mi vida y eso me convierte en culpable, puesto que hasta el mejor feligrés tiene que ir a confesar sus pecados.

La culpa pesa tanto dentro de nosotros, que por esa razón vivimos continuamente buscando culpables a nuestro alrededor, para ver si así podemos aliviar lo que sentimos por dentro, ya seamos conocedores de que estamos cargando con la culpa o no (no importa si somos conscientes de ella o no). Al estar dentro de nosotros, nuestra dinámica en la vida va a ser que continuamente estemos buscando culpables de todo, condenándonos así a seguir viviendo lo mismo una y otra vez. Por lo tanto, las religiones han fomentado que el peso de la culpa siga creciendo dentro de nosotros para así siempre depender del perdón de Dios.

Dios justo

La idea anterior enlaza con la siguiente que comparten las religiones sobre la capacidad de Dios de decidir si nos perdona o no. En función de la gravedad de tus actos en esta vida, Dios va a decidir si eres merecedor de perdón o no.

Pero de nuevo, volvemos a una visión que nos mantiene totalmente separados de la divinidad, que nos mantiene víctimas. Y esta es la idea que quiero compartirte en este punto.

Las religiones, desde el momento en el que defienden que "Dios creó el mundo", nos convierten directamente en víctimas de Dios, ya que ¿cuántas experiencias "negativas" vivimos?; de tal forma que si Dios creó el mundo yo soy su víctima, porque esta vida es "muy dura" y hay que vivir muchas situaciones complicadas. Mantenernos en la idea de que es Dios quien me manda las experiencias que vivo, nos anclan en el victimismo de forma directa y sin escapatoria. Y eso nos lleva a la siguiente reacción en cadena: si Dios ha creado este mundo de injusticias y situaciones de escasez y lucha, tendré que buscar aliarme con Dios para que "no me mande tantas desgracias ni a mí ni a los míos", y eso hará que tengamos que negociar con Dios. Y aquí vemos cómo, en el fondo, le tenemos miedo a Dios.

Por ejemplo, cuando alguien de tu entorno cercano vive una enfermedad y acudimos a Dios para que le quite la enfermedad o lo cure milagrosamente. Incluso en esta negociación recurrimos a la demostración de que "estamos de su lado", y le hacemos promesas que nos suponen un gran sacrificio para demostrar que amamos a Dios y estamos agradecidos si cumple la petición de sanación (promesas del tipo ir descalzo en penitencia, cargar una cruz, etc., y no voy a entrar en el mundo de las promesas que se hacen porque sería motivo de otro libro, pero podéis haceros una idea de lo que somos capaces de hacer para evitar el castigo de Dios, al que en el fondo le tenemos tanto miedo desde las religiones).

Dios único

Cada religión tiene fe en su propio Dios. Y esta es la gran clave que nos abre la puerta a poder descubrir el gran papel que tienen las religiones en nuestra sociedad.

Cada religión defiende la existencia del Dios de su doctrina, abogando a que su Dios es el único verdadero, el único real, el único que debe ser adorado y seguido. Y esto ha sido motivo de muchos conflictos y muchas guerras en las que se ha matado en nombre de Dios.

Esta defensa que hace cada religión sobre su propio Dios, como el Dios verdadero, nos sigue mostrando cómo, desde la perspectiva de las religiones Dios queda totalmente separado de nosotros, y no hay nada que podamos hacer porque todo el poder lo tiene él, como ya hemos visto anteriormente.

La creencia de cada religión en su propio Dios nos lleva a contemplar un escenario totalmente parcelado de dioses divididos y encarcelados en cada religión, con la lucha de poder que se genera entre cada una de ellas al defender a su Dios verdadero.

De tal forma que las religiones no son malas ni buenas (lo "malo" y lo "bueno" son juicios del ego. Salgamos de ahí), las religiones las hemos necesitado, y al seguir existiendo nos muestran cómo seguimos necesitando de ellas. Y te preguntarás, ¿para qué?

Las religiones nos están llevando a experimentarnos en una polaridad muy bien definida, que es la polaridad de la limitación. En la idea de que cada religión defienda a un Dios determinado, diferente y especial, que te dice lo que está bien y lo que está mal, lo que tienes que hacer y lo que no para poder ir al cielo, ahí, ya se nos está dando la posibilidad de que entremos en una religión y nos experimentemos en la cantidad de limitaciones que hay dentro de cada una de ellas.

Necesitamos experimentarnos en la limitación para darnos cuenta, precisamente, de que yo NO soy un ser limitado, tan solo mi mente egoica lo está y desde esta mente egoica es que mi percepción de la vida es limitada y me experimento en la escasez, viviéndolo todo desde el filtro de una mente limitada porque, recordemos, el miedo y la culpa hacen que nos mantengamos en la pequeñez.

> **NECESITAMOS EXPERIMENTARNOS EN LA LIMITACIÓN PARA DARNOS CUENTA, PRECISAMENTE, DE QUE YO NO SOY UN SER LIMITADO**

Y las religiones son el escenario perfecto para demostrarnos cómo de limitadas son cada una de ellas, desde el momento en el que defienden a un Dios separado de nosotros; un Dios único y que choca con los dioses de las otras religiones; limitadas al juzgar lo que es bueno y lo que es malo; limitadas al imponer ciertas acciones dentro de su religión defendiendo que son esas acciones las que nos llevan al cielo; limitadas al encapsularse dentro de un marco de personas que sí o sí tienen que pensar de esa manera y no pueden salirse de ahí; limitadas desde el momento en el que no eres libre para poder incluso poder plantearte la idea de que formas parte de la Divinidad, de que no eres su víctima, de que no estás separado de la esencia de Amor, de que dentro de ti hay mucho poder creador que desconoces.

Todo es limitación dentro de la religión. Incluso el amor de Dios nos dice que solo lo amemos a él y no sigamos a otros dioses de otras religiones; cuando el Amor tan solo ama sin límites.

El perdón de Dios

Por otro lado, al tener Dios la capacidad de decidir si somos dignos de perdón o no, ya he explicado cómo nos convierte en víctimas. El perdón, desde la visión de las religiones, es algo que viene de fuera, que viene de un Dios separado de mí, previo juicio sobre si soy merecedor de él o no. Pero esta visión está cargada de ego, está cargada de miedo y culpa. Nos mantiene vibrando en esas emociones egoicas y nos hace vivir una vida en la que siempre vamos a ir rogándole a los demás el perdón por nuestros actos. Pero ¿qué pasa si le pides perdón a alguien y te dice que no te perdona?

Te comparto una experiencia que viví en relación con esto.

Estaba haciendo una visita a un centro de tardes donde acuden muchos niños y niñas en riesgo de exclusión y era el momento del recreo. Allí había una cama elástica en la que había dentro de ella un niño saltando y, en un momento determinado, una niña se acercó a la cama elástica, quiso entrar y al poner el primer pie dentro, el niño que estaba saltando se chocó contra la niña que quería entrar y le hizo daño. La niña se bajó y fue entre llantos a buscar a su maestra referente, que acudió en seguida al lugar de los hechos. La niña le explicó a la maestra que el niño no la dejaba entrar y que le había hecho daño. La maestra escuchaba. El niño que estaba escuchándolo todo a través de la maya protectora de la cama elástica, intervino y dijo: "Yo sí te dejo entrar. Es solo que me he chocado contigo al estar saltando. ¿Me perdonas?". Y ante esa pregunta, la niña le dio como respuesta un no rotundo. Cuando le dijo esto, el niño reaccionó diciéndole a su maestra con el corazón en la mano: "No me perdona, maestra. ¿Ahora yo qué hago?", y volvió a rogarle el perdón a la niña, y la niña volvió a decirle que no lo perdonaba.

Yo observaba esta escena, sin intervenir, pero sí abierta a aprender de lo que se me estaba mostrando a través de ellos. Me di cuenta de cómo el perdón lo usamos desde una visión egoica, en la que hay víctimas y hay culpables, es decir, se dan las dos polaridades en una misma situación, y usamos el perdón en estos casos para poder liberar el peso de la culpa. Pero al rogar el perdón al otro, nos damos cuenta de que algo empieza a cojear, porque ¿qué pasa si no te perdona?, ¿qué pasa si no te concede el perdón?, que fue exactamente lo que vivieron esta chica y este chico en esta historia. Lo que ocurre es que la separación entre ellos se hace cada vez más grande. La brecha de conflicto y drama se agranda cada vez más.

Por lo tanto, este perdón que venimos usando lo podemos considerar un "perdón dual", es decir, un perdón que nos mantiene en la dualidad, en las polaridades, en la separación de verme yo separado de ti y sentir que tú nada tienes que ver conmigo. Y nunca nos conecta con la paz. Porque incluso en las ocasiones en las que pides perdón a alguien y te concede ese perdón, puede ser incluso que te quede dentro la duda de si te ha perdonado de verdad o sigue resentida contigo, o si lo ha dicho por decir y no lo siente así.

Por lo que este tipo de perdón, que desde las religiones se fomenta, desde la base de que es Dios quien juzga si mereces el perdón o no, y si vas al cielo o al infierno, nos condena a no poder vivir en paz (entiéndase que cada religión usa sus propios términos tanto para Dios, como para cielo, infierno y todo este vocabulario. Pero me relaciono contigo, querido lector, en mi exposición, desde los términos que me resultan más familiares, dando cabida a todo).

Capitúlo 12

Deja de pedir perdón

Acabamos de ver cómo es el perdón que conocemos y que estamos acostumbrados a usar en nuestro día a día. Y ya nos hemos dado cuenta de lo tóxico que resulta pedirle perdón a alguien y estar a la espera de que ese alguien decida si eres digno de su perdón o no, y el impacto que puede tener en nosotros.

El único perdón que podemos usar en este plano es el perdón, única y exclusivamente, a nosotros mismos. Pretender seguir usando el perdón dual, en el intento de que alguien te diga que te perdona, o tengas que seguir rogándole el perdón, o quieras que alguien te pida perdón, te condena a vivir sintiéndote víctima y a cargar con un peso que te priva de vivir en libertad.

Y llega a nuestra vida la sensación de agotamiento, de cansancio, de rechazo a la vida... pero no nos damos cuenta de que vivimos cargando montones de situaciones con los demás que hemos juzgado de injustas, de lamentables, de malas, de egoístas, de incapaces, de inútiles, etc. Esto es porque seguimos en lucha, y la lucha agota. Pero debes saber que la lucha siempre es con uno mismo, aunque nos parezca que luchamos con alguien que de repente llega a tu vida. Ese alguien, te está haciendo de espejo de tus luchas internas. Pero siempre es más fácil echar las culpas hacia afuera.

121

El perdón es siempre hacia nosotros mismos. Es un auto-perdón. Es un perdón que yo misma me concedo a mí al darme cuenta de que YO me estoy hiriendo a través de las experiencias que vivo y las personas que se cruzan en mi camino, y que quizá piense que no me lo están poniendo fácil.

Es un perdón que cada uno decide concederse o no. Es un perdón cuántico, que se sale de la búsqueda de culpables y de víctimas, porque es un perdón que reconoce que soy yo, a través de las proyecciones que salen de mi mente, quien me estoy haciendo daño a través de ti.

Apóyate en el siguiente dibujo que te comparto para que puedas lograr comprenderlo mejor.

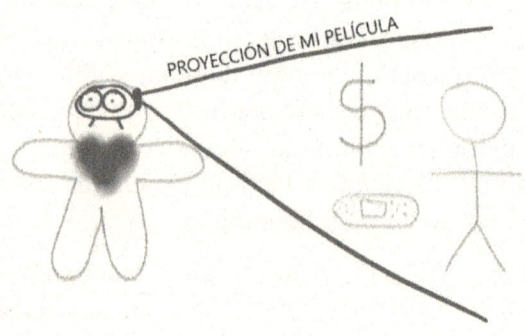

SOY YO, A TRAVÉS DE LAS PROYECCIONES QUE SALEN DE MI MENTE, QUIEN ME ESTOY HACIENDO DAÑO A TRAVÉS DE TI

En la imagen puedes ver cómo nuestra mente actúa como un proyector de cine que, según la película que active, la proyección será una u otra.

Por ejemplo, si en tu mente la película es de creencia en la escasez, tu película hablará de escasez en tus relaciones, escasez en tu economía o escasez en tu cuerpo físico a través de enfermedades. Irás viviendo situaciones que te permitan ver, para tomar consciencia, qué es lo que hay dentro de tu mente que te está intoxicando y que, por ello, repites una y otra vez más de lo mismo. Porque pretendemos cambiar a los personajes que están actuando en la película, en vez de deshacernos de la cinta que está dentro del proyector reproduciéndose en bucle.

Pretendemos cambiar el mundo y a los demás, cuando lo que tenemos que cambiar es nuestra mente que tan solo ve a través del miedo y de la culpa. Si seguimos empeñados en querer que el otro cambie, tenemos un grave problema. Hemos activado la película mental de la injusticia, o del victimismo, o de la queja, etc. Y al estar activa, las situaciones con las que tendremos que lidiar responderán al título de esa película que está en tu mente.

Por ejemplo, si vas al cine y te ponen una película con el título de injusticia, la proyección en la pantalla será de situaciones injustas una detrás de otra. Por lo tanto, si es de injusticia la película mental que tienes, la proyección te acercará a personas a tu vida que den realidad a lo que hay dentro de tu mente, y vivirás con personas que no te traten con respeto y sean injustas contigo a pesar de tus esfuerzos, o verás cómo el mundo se va a pique por tantas y tantas injusticias que sigues juzgando y que crees que nada tienen que ver contigo… cuando todo eso que ves delante de ti, en tu proyección, hablan absolutamente, de principio a fin, de ti y de todo lo que está activo en tu interior y que hay que parar. Pero para poderlo parar, tenemos que verlo y decidir si lo paramos o no, porque en el fondo nos gustan los dramones.

Si estamos en el punto de darnos cuenta de lo que tenemos delante, aceptar que forma parte de algo que estaba oculto dentro de mi mente y que desconocía, nos permite acceder al perdón cuántico. Es decir, podemos decidir ser compasivos con nosotros mismos que lo hemos hecho de la mejor forma que hemos sabido hasta el momento, y perdonarnos porque hemos estado sufriendo mucho a través del otro. Nos hemos estado hiriendo a través de la persona o situación que tenemos delante una y otra vez, en la espera de que cambiase en algo. Nos hemos dormido dentro de nuestros propios pensamientos egoicos en bucle y estancado en la cuna del victimismo, creyendo que nada puedo hacer yo en relación a eso que tengo delante.

Ha llegado el momento de que cada uno decida si asume o no el papel que tiene de responsabilizarse de las películas que tiene activas en su mente. Y ¿cómo saber qué películas están activas? Mira lo que proyectas. Mira qué situaciones vives en tu día a día. Un ejercicio que les comparto a mis alumnos es que pueden hacerse la pregunta "¿de qué va mi película hoy?". Y desde ahí, podrás tomar la decisión de aceptar que forma parte de ti eso que has estado rechazando tanto. Y en ese momento, podrás concederte el perdón cuántico diciéndote: "Me perdono porque me estoy haciendo daño a través de ti". De esta forma, liberamos a los actores implicados en nuestra película. Y damos el permiso de que las personas implicadas que estaban haciendo la actuación de su vida para que tú te dieses cuenta de lo que había dentro de tu mente, puedan dejar de repetir una y otra vez ese rol, permitiéndoles expresarse de otra forma, y no desde la limitación del papel que os repartisteis para tú poder darte cuenta de que tu película iba de abandono ¿O no te has dado cuenta de que una misma persona actúa con unas personas de una forma y contigo de otra? Y podrás imaginarte las escenas que tendrá la película si la cinta tiene el título de abandono. Echa a volar tu imaginación porque el abandono lo experimentarás en tu vida, lo verás en la vida de los demás, y cada vez tendrás a más y más personajes que refuercen y den vida a la película que tienes activa.

Igual ocurre cuando tenemos cintas en nuestra mente que hablan de la idea de sacrificio, de la posibilidad de muertes dramáticas, de lucha, de escasez, de violencia, de agresión, de tristeza, de soledad, de injusticia, de pobreza, de maltrato, de abuso, etc.

…Y seguimos intentando cambiar el mundo. Seguimos dibujando con rotulador sobre la pantalla de cine, pretendiendo cambiar al personaje que está proyectado en escena.

Esto da que pensar. Lo sé.

Y algo que me preguntan mis alumnos de la Academia AvanzAma, es: ¿Ya no hay que decirle nada a la otra persona si en el fondo estamos removidos por lo hecho?

Ya hemos visto hacia donde nos lleva la necesidad de tener que pedir el perdón de quien tenemos delante: a una posición de víctimas que crea un mundo de víctimas, culpables y salvadores. Y desde ahí, ese será el mundo que sigamos experimentando.

El perdón nos lo tenemos que conceder a nosotros mismos porque lo hemos hecho lo mejor que hemos sabido hacerlo con los recursos que tenemos y el nivel de consciencia en el que nos encontramos.

Teniendo esto claro, si vives algún acontecimiento en el que antes solías ir rápidamente, o no tan rápido, a pedir perdón, ahora, y desde esta consciencia, no necesitarás pedir perdón a nadie, pero sí puedes usar un "lo siento", porque verdaderamente lo estás "sintiendo", estás conectando con la persona y con lo que te ha removido interiormente, por lo tanto, al sentirlo, puedes, por qué no, expresarlo. Por lo que puedes transformar, desde la consciencia, el "perdón" por el "lo siento", si así te sientes más cómodo, aunque en última instancia no sea ni necesario.

> **TRANSFORMA, DESDE LA CONCIENCIA, EL "PERDÓN" POR EL "LO SIENTO"**

Capitúlo 13

Regreso al Amor

Lo único que he querido transmitir a lo largo de estas páginas, es mi vivencia de que, en palabras de Un Curso de Milagros, "Dios es en mí y yo soy en Dios", llámese Dios, Universo, Fuente Divina, Amor, Origen… el nombre que gustes, porque el vocabulario también nos limita, y ya es momento de soltar las creencias limitantes que nos llevan a experimentar una vida gobernada por el ego. Lo que quiero transmitir es que todos somos una misma energía de Amor (quédate con esto y deja de juzgar la palabra Dios, que es un enredo más del ego para que no evoluciones). Esa Energía de Amor entra dentro de un cuerpo físico que actúa como vehículo para que podamos vivir experiencias de separación en este plano y recordar así lo que sí somos y siempre hemos sido: AMOR, LUZ en expansión.

> **TODOS SOMOS UNA MISMA ENERGÍA DE AMOR EN EXPANSIÓN**

Es como si una bolita de luz entrara dentro de tu cuerpo, se ubicara en tu pecho, y tu cuerpo fuese el coche que permite que esa lucecita brillante pueda ir de un lugar a otro viviendo miles de experiencias con diferentes personas, en diferentes lugares y situaciones. Sin embargo, estamos tan desconectados de esa luz interior que Somos, que nos creemos que somos el coche, el vehículo. Y desde esta creencia tan potente, cualquier cosa que le ocurra al coche hace que nos sintamos destrozados. Y llegan las enfermedades y los problemas en el cuerpo físico.

Hay que dejar muy claro que cualquier síntoma que experimentemos en el cuerpo físico hay que atenderlo como en este plano y nivel de consciencia actual sabemos hacerlo, que es a través de la medicina y los médicos. Si algo te ocurre en tu cuerpo físico, atiéndelo primero y luego, si te apetece, puedes abrirte a ver las cosas de otra manera, pero no descuides tu vehículo, porque también tenemos una responsabilidad con él, ya que el cuerpo es el templo de la Luz que somos, pero hemos olvidado, y gracias a él podemos recordarlo.

> **EL CUERPO ES EL TEMPLO DE LA LUZ QUE SOMOS, PERO HEMOS OLVIDADO, Y GRACIAS A ÉL PODEMOS RECORDARLO**

El cuerpo expresa lo que la mente no sabe gestionar. El cuerpo habla lo que la mente sufre en silencio. El cuerpo actúa movido por la orden de la mente que se encuentra bloqueada. El cuerpo es un coche, y un coche sin ninguna orden, sin nadie que tome el volante, arranque y conduzca, no hace nada. Se queda paralizado, quieto, congelado donde lo dejaste. Es nuestra mente estresada, nuestra mente egoica, la que suele llevar el volante. Y desde aquí, una mente así, una mente que no sabe abordar lo que le ocurre ni lo que siente, al no saberlo gestionar ni solucionar, va conduciendo el coche dando acelerones y frenazos continuamente, y al final el freno se rompe, las ruedas se queman, el coche da errores. Pero justamente esos errores son los que la mente no está sabiendo gestionar, no está sabiendo qué hacer con ellos. Y al abrumarse, su conducción no es nada fluida, es una conducción tensa, estresada, con miedo, y todo ello hace que el coche (el cuerpo físico) tarde o temprano de fallos (síntomas de la enfermedad).

Sin embargo, antes de una enfermedad, hay muchos otros avisos. Rencores no resueltos, quererlo controlar todo, envidias alargadas en el tiempo, juicios continuos hacia el otro y hacia uno mismo, miedo a la vida, sentimientos de culpa por no haber hecho y haber podido hacer, o culpa por haber hecho más de la cuenta y no tener que haberlo hecho, sensación de pequeñez, impotencia, ataque hacia uno mismo cuando se mira al espejo, etc. Todo esto son avisos de que algo hay que atender dentro de nuestra mente que está en bucle, preocupándose por los errores cometidos en el pasado y que hoy revive en el presente.

Aunque en este punto, lo más común que solemos hacer es normalizar: normalizar ese rencor y cargar con él durante toda la vida; normalizar el ser una persona que busca controlarlo todo y que nada se le escape; normalizar el relacionarnos con nuestro grupo de amigos para criticar y juzgar a esta o aquella persona y que ese sea el punto de unión de conversaciones siempre que nos juntamos, con el cotilleo y crítica continua hacia los demás y, de hecho, puede incluso que no sepamos ni de qué más temas poder hablar si no es para destripar lo que hacen o dejan de hacer los demás desde el juicio. Tendemos a normalizar el mirarnos frente al espejo del baño, o del ascensor…, e irnos directas a aquello que no nos gusta del físico, aunque sea una cosita insignificante, pero que llena todo tu espejo de juicio. Es un ataque hacia ti misma de forma continua y que normalizamos porque la llevamos a cabo cada día y varias veces al día. Y desde ahí vivimos. Desde el ataque continuo hacia nosotros mismos y hacia los demás. Y lo normalizamos, lo hacemos nuestro día a día, nuestra forma de relacionarnos.

Lo interesante aquí, es que una vez nos damos cuenta de ello, y descubrimos que estamos absolutamente envueltos en este tipo de dinámicas egoicas tenemos la oportunidad de decidir si seguimos dentro del bucle de drama, conflicto, ataque, lucha y sacrificio, o tomamos la decisión de pararlo, como primer paso.

Es tu decisión.

Si has llegado hasta aquí, si has observado el bucle de pensamientos en el que estabas envuelto, y has tomado la decisión de parar de alimentarlo, de echarle leña al fuego, es porque te has parado a observar tus propios pensamientos, que se repiten una y otra vez de forma continua en tu día a día. Y esto es tan sencillo como tomar la decisión de parar de darle más y más realidad a esos pensamientos, y decir: "Ya basta. Hasta aquí". Y respirar profundamente.

Has tomado una elección consciente al permitirte ser el observador de tus propios pensamientos, consiguiendo salir de la intensidad de la escena. Y en este punto, y tras haber *aceptado* que eso que estás viviendo ha llegado a tu vida con el propósito final de que recuerdes quién Eres y salgas de los dramas egoicos, podrás usar el *perdón cuántico* del que te hablé en capítulos anteriores.

Se trata de un auto-perdón, un reconocimiento de que lo hemos hecho como hemos sabido, acorde al nivel de consciencia, a las propias experiencias, a las creencias que acumulamos de nuestro transgeneracional, de nuestras vivencias, del lugar en el que vivimos... Y aquí, hay que tener claro que, si yo hubiese sido tú en esa situación, lo habría hecho exactamente igual, ya que yo sería tú, y sería tú con tu nivel de consciencia, con tus creencias familiares, con tu forma de ver y sentir la vida, con tus experiencias. Al yo ser tú, lo habría hecho exactamente igual, y de esto no puede haber duda. De esta forma, salimos radicalmente de los juicios a los demás, porque si reconocemos que "yo en tu lugar habría hecho lo mismo", el juicio cae por su propio peso (aunque nos encanta decir "si yo fuese tú...", y seguir la frase con un consejo salvador). Pero si yo fuese tú, habría actuado exactamente igual que tú, porque estaría bajo la influencia de esa mente limitada (por creencias familiares, culturales, por las experiencias vividas, etc.) y si yo fuese tú, lo habría hecho absolutamente idéntico a la forma en la que tú lo has hecho. Sin más.

Desde aquí, podemos continuar con el perdón cuántico en el que reconocemos que nos estamos haciendo daño a través de los demás, reconocemos que nos hemos dormido dando realidad a las películas de nuestra mente limitada y las cuales nos hemos creído e incluso hemos defendido a muerte.

Aquí, puedes seguir defendiendo tus ideas limitantes con espada en la mano, y seguir luchando, o puedes elegir abrirte a ver la vida de otra manera. De hecho, te invito a que escuches mi podcast "Me abro a ver las cosas de otra manera".

> **PUEDES SEGUIR DEFENDIENDO TUS IDEAS LIMITANTES O PUEDES ELEGIR ABRIRTE A VER LA VIDA DE OTRA MANERA**

¿De qué manera?

De una que al menos te abra la puerta a vivir en paz. Una frase que comparto siempre con mis alumnas es "me abro a ver desde los ojos del Amor", "me abro a la percepción amorosa", o bien "ya que tengo esta relación decido vivirla desde el Amor".

Y tu vida empieza a transformarse, porque has elegido abrirte a vivir desde el Amor, gracias a tu ego, que ha sido el responsable de que puedas ahora estar en este punto. Por lo que llegarás incluso a darle las gracias por permitirte vivir tales experiencias. No luches contra el ego, hazlo tu mejor aliado.

NO LUCHES CONTRA EL EGO, HAZLO TU MEJOR ALIADO

Pero todo esto quedará en una teoría maravillosa que podrás leer y releer las veces que gustes, y no habrá transformación hasta que no decidas ir aplicando y experimentando todo lo que te he estado compartiendo a lo largo de este libro. Porque no tienes que creerte nada de lo aquí escrito. Absolutamente nada. Tan solo tienes que decidir si te apetece experimentarte en una vida de paz, en la que los milagros ocurren a diario. Recuerda que el milagro es el cambio de percepción que ocurre en nuestro interior, en nuestra mente, y al haber transformación dentro de nosotros, la transformación también ocurre en el mundo que vemos, en la familia que hemos creado, en las relaciones que tenemos, en el trabajo, en la economía, en la salud, etc. Y diremos: "¡Cómo ha cambiado esta persona!", "¡Qué suerte ha tenido!". NO. Quien ha cambiado has sido tú, ha sido tu mentalidad, tu forma de pensar, tu mente. Te has abierto a ver la vida desde otra perspectiva, soltando todas las cargas que llevabas encima, y desde ahí, todo se transforma.

> **EL MILAGRO ES EL CAMBIO DE PERCEPCIÓN QUE OCURRE EN NUESTRO INTERIOR, EN NUESTRA MENTE, Y AL HABER TRANSFORMACIÓN DENTRO DE NOSOTROS, LA TRANSFORMACIÓN TAMBIÉN OCURRE EN EL MUNDO QUE VEMOS**

Lo que ha ocurrido es que hemos vivido muchísimas experiencias dolorosas a lo largo de nuestra vida y, como protección para no sufrir más de la cuenta, hemos creado una coraza alrededor de nuestro pecho, enjaulando nuestro corazón, para que nadie pueda herirnos, para estar protegidos de los ataques, para que no nos duela tanto el golpe. Pero ¿de qué nos sirve seguir viviendo desde aquí? Nos sirve para seguir viviendo en la queja y no tomar acción a favor de nuestra paz. Nos sirve para seguir cómodos en "lo malo conocido". Nos sirve para seguir teniendo excusas.

Y llega la muerte de un ser querido.

Y tocamos fondo.

Todo lo construido parece que se desmorona, parece que nada tiene sentido. Y les rogamos a los santos, a las vírgenes y a los dioses que conocemos que nos den una explicación para aliviar el dolor. Pero es un sin sentido.

Lo que te voy a decir a continuación es para que lo cuestiones de arriba abajo, para que incluso te enfades si lo consideras necesario y decidas que esta respuesta no te la tenga que dar nadie, sino que seas tú mismo quien pueda experimentarla.

Un Curso de Milagros dice: "La muerte no existe. El cuerpo puede desaparecer, pero el Ser vive eternamente".

Y dirás: ¿cómo no va a existir la muerte, si acaba de morir X?

Ha muerto su cuerpo, su vehículo. Ha dejado de funcionar su coche, el que le ha permitido vivir X años de su vida. La cuestión es que estamos tan identificados con el cuerpo que, al creernos cuerpo, cuando la muerte llega, nos quedamos apegados al drama del dolor que le hemos atribuido a la muerte.

Pero este tipo de experiencias también nos abren la puerta a que podamos evolucionar y a que despertemos esas preguntas que nos remueven por dentro ante la muerte de alguien.

El cuerpo muere, pero la Luz que somos en esencia, y que todos compartimos, deja el cuerpo para salir de los límites que este nos impone, pasando a formar parte del campo cuántico, de la Luz, del Amor infinito y eterno. Me alegra saber que no necesito argumentarte esto desde la ciencia, puesto que ya son muchos los científicos que lo están demostrando, como puede ser el doctor Manuel Sans Segarra, médico y cirujano, entre otros muchos.

EL CUERPO MUERE, PERO LA LUZ QUE SOMOS PASA A FORMAR PARTE DEL CAMPO CUÁNTICO, DE LA LUZ, DEL AMOR INFINITO Y ETERNO

Por ejemplo, es como si una burbuja de aire entrara dentro del cuerpo físico y así comenzamos a vivir, gracias a ese cuerpo que actúa como un coche. Cuando el cuerpo muere, esa burbuja de aire sale del que ha sido su coche, dejando atrás la jaula que era el cuerpo, y que la estaba limitando en su contacto con todo el aire que nos envuelve, pero que una vez sin cuerpo, ya puede expandirse sin límites por todo el aire.

Esta es una imagen que te doy para acercarnos a la comprensión de la idea que te estoy transmitiendo y que no quiero que te creas.

Nosotros somos co-creadores de nuestra propia realidad. Pero no vamos a poder crear una vida de paz si seguimos rechazando toda la guía que se va a acercando a nosotros con la dulzura en la que una madre acaricia la carita de su bebé. Si te fijas, los recursos llegan, las personas llegan, la información llega, pero nosotros la rechazamos una y otra vez, porque estamos tan apegados a la identidad que nos creemos que somos, porque tanto esfuerzo nos ha costado fabricarla, que "¿cómo voy yo ahora a abrirme a un cambio de mentalidad?, ¿quién sería después de ese cambio de mente?, con todo lo que he vivido, con todo lo que he experimentado, con todo lo que he investigado...".

Nos da pánico. Y el ego nos atrapa en este miedo, porque abrirnos a ver otras posibilidades lo estaría debilitando y así el ego no puede garantizar su existencia.

Pero oportunidades de transformación para lograr vivir una vida plena, abundante, libre y de paz nos van a seguir llegando a diario y nosotros vamos a tener que ir decidiendo hacia dónde vamos y en manos de quién dejamos nuestra vida, del ego o del Amor que somos y que tiene un poder infinito que desconocemos.

Hay una frase de Un Curso de Milagros que dice: "No te preocupes de tus errores pasados, siempre puedes comenzar de nuevo".

Y yo te pregunto: "¿Estás dispuesto?"

"NO TE PREOCUPES DE TUS ERRORES PASADOS, SIEMPRE PUEDES COMENZAR DE NUEVO"

¿Conoces esa expresión de que "Todos los caminos llevan a ROMA"? Es interesante ver la sabiduría popular (el campo cuántico guiándonos) y darnos cuenta de que ROMA del revés es AMOR. De tal forma que:

"Todos los caminos llevan al AMOR."

Por lo tanto, querido lector, no importa, lo que creas o lo que no creas, no importa la lucha interior que tengas con las religiones, con el vocabulario limitante, con la espiritualidad, con las terapias holísticas, con el significado de lo que es o deja de ser una creencia, con tu cuerpo, con lo que has venido a hacer en este plano...

Nada de eso importa en este punto, lo que importa es tu paz.

¿Vives en paz?

Si la respuesta es sí, te doy la enhorabuena, y si la respuesta es no, tienes ante ti la posibilidad de amar cada paso que das en tu vida, sabiendo que todo lo que vives es absolutamente perfecto y seleccionado por tu alma para que por fin puedas regresar al Amor que eres, a la Paz que ya hay en ti.

Vivir en un estado de no-paz nos abre la puerta a podernos experimentar en la Paz que somos. Y te comparto ejemplos.

> **VIVIR EN UN ESTADO DE NO-PAZ NOS ABRE LA PUERTA A PODERNOS EXPERIMENTAR EN LA PAZ QUE SOMOS**

Vivir sintiéndonos solos, nos da la mano a que podamos conectar con la Unidad, con la energía de Amor que todo lo une y de la que todos formamos parte, siendo imposible la soledad. Nunca estamos solos, aunque el ego se encargue de convencernos de que sí. Es más, si mantenemos esta creencia de que la soledad es posible, la vida nos seguirá acercando cada vez más experiencias que den realidad a la creencia a la que te has agarrado con fuerza. La cuestión es que al seguir dando realidad a esta creencia en la soledad viviremos situaciones cada vez más impactantes, no por fastidiarnos la vida, sino para que podamos ver qué es lo que está dentro de nuestra mente y que de otro modo no sabríamos que está ocupando lugar dentro de nosotros, con el consecuente peso y daño que supone mantener esa creencia.

Vivir en la violencia nos permite salir de ella para descubrir la Paz que somos. No escogemos a un padre violento sin más. Tu alma necesita poder salir de la cárcel mental de creer en la violencia, experimentándose en ella, para justamente poder salir de ahí y lograr vivir en un estado de Paz plena en todas las áreas de su vida.

Vivir en los abusos nos guía a conectar con el perdón del Ser. Salgamos del perdón dual que nos mantiene viviendo en el rencor, pues el peso del rencor destroza vidas. Permítete ser libre. No te envenenes a ti mismo esperando que sea el otro el que muera. Concédete la libertad.

Vivir en la lucha con todo y con todos por la cantidad de injusticias que vemos, es decir, por la cantidad de juicios que seguimos perpetuando, nos lleva a vivir en una auto-exigencia muy tóxica. Recuerda aquí que "yo en tu lugar habría hecho lo mismo". Y empecemos a poner paz a nuestras luchas internas, para que el mundo pueda ser una extensión de la paz y libertad con la que hemos conectado.

Vivir en la escasez nos abre la puerta a experimentarnos en nuestra esencia de Abundancia en todas las áreas de nuestra vida (relaciones, salud integral, dinero, trabajo…). Pero seguimos rompiéndonos la cabeza en ver cómo hacer más dinero, cuando eso nos lleva a crear desde la escasez. Como te dije en capítulos anteriores, salgamos del paradigma de la espera, y vayamos hacia adentro para descubrir el potencial de abundancia que somos y desde ahí podremos compartir nuestros dones y ponerlos al servicio de la humanidad sin las preocupaciones que lidera el ego.

Vivir en la enfermedad nos permite salir de las limitaciones de nuestro cuerpo para reconocer que soy un ser eterno, que soy Energía sin límites. La experiencia en la enfermedad nos permite soltar el juicio que hemos hecho hacia ella de que es mala. Ya sabemos que nada es ni bueno ni malo, sino que todo lo que vivimos lo necesitamos para evolucionar y seguir avanzando si verdaderamente nos abrimos a los aprendizajes. Los síntomas que experimentemos nos permiten descubrir las emociones que hemos reprimido y que, por lo tanto, nuestro cuerpo nos desvela para que tomemos consciencia de ello, podamos soltarlo y seguir avanzando.

Vivir en la crítica nos permite soltar la desconfianza y conectar con la fe (fe en nosotros mismos, en la Divinidad que todos somos en esencia y que hemos olvidado en nuestras luchas de poder egoicas y terrenales). Las personas muy críticas, que juzgan todo lo de los demás, suelen cargar con una herida de humillación, envidia y traición en su pasado que les pesa demasiado, y su ego les convence que es desde el juicio desde donde mejor protegidos estarán. Pero esto, tan solo hace más grande las heridas, y los mantiene bloqueados en el tiempo viviendo desde el victimismo (inconsciente).

Y todo esto son palabras que te comparto desde el Amor, que te comparto desde la gratitud, que te comparto desde la confianza de saber que "Todo lo que doy, es a mí misma a quien se lo doy", porque todos formamos parte de una única Mente (y ya sabes que puedes llamarlo Mente, Fuente, Amor, Campo Cuántico…).

Gracias, gracias, gracias.

Feliz regreso a casa, feliz regreso al Amor.

Y, para terminar, querido lector, te dedico estas palabras de corazón.

Sal de la cárcel de tu alma, abre tu corazón al Amor y permítete brillar, porque en este mundo de ilusiones se necesitan estrellas como tú, que inspiren la vida de todas las almas que se crucen en tu camino.

Y en palabras de Un Curso de Milagros "Tu ego puede impedir que Yo brille a través de ti, pero no puede impedir que Yo te sostenga".

> *"TU EGO PUEDE IMPEDIR QUE YO BRILLE A TRAVÉS DE TI, PERO NO PUEDE IMPEDIR QUE YO TE SOSTENGA"*

GRACIAS.

Capitúlo 14

Para lectores curiosos sobre ucdm

Este capítulo extra, para lectores curiosos, tan solo es una aclaración sobre cómo a mí, en mi vida, la influencia del libro "Un Curso de Milagros" (ucdm) me ha impactado tanto que, puedo decir que, mi vida ocurre entre milagros en todas las áreas. Y por qué no, llegados a este punto de compartir, explicarte brevemente de qué va todo esto, no para convencerte ni tan siquiera de que lo leas, sino para seguir compartiendo tomas de consciencia que han tenido impacto en mi vida y que quizá sean de inspiración.

El libro "Un Curso De Milagros" nada más verlo rechina, genera rechazo y poco interés por el aspecto tan similar a la mismísima Biblia. Así es. Y si empiezas a leerlo, aún más rechazo puede generar en ti por el lenguaje que utiliza. Al menos a mí fue eso lo que me paso y también ha sido eso lo que vivieron muchos de mis alumnos de la Academia Avanzama. Fue más tarde cuando entendí el para qué tiene aspecto de Biblia, y estaba relacionado con el poder llegar a trascender cualquier creencia anterior que tuviese y que pudiese estar limitándome en mi vida, de forma inconsciente. En este caso, eran todas mis creencias en relación con las religiones a las que les había "puesto la cruz", no quería saber nada de ellas. Y una vez más te das cuenta de que estar en guerra con algo o alguien tan solo perjudica a quien está generando esos pensamientos de rechazo, además de perder energía y tiempo en tener que estar en guerra con ese alguien, impidiéndote vivir en paz.

Como ya te comenté, es un libro de metafísica escrito por Hellen Schucman, atea y científica, catedrática de psicología médica, en la Facultad de Medicina y Cirugía de la Universidad de Columbia, en Nueva York. Se trata de un libro muy peculiar, puesto que está escrito canalizado desde la Energía Universal para que lo pueda recibir directamente el alma, y no nuestro ego que es el que normalmente lee libros yendo de capítulo en capítulo como si comieses palomitas. De hecho, era una información tan "loca" para Hellen, pero con tanto sentido y poder, que no se desveló que fue ella la que escribió el libro canalizando la información, hasta que murió, puesto que ella no entendía para qué tuvo que estar durante 7 años escribiendo todo ese contenido que recibía con gran claridad en su interior. No obstante, sabía que tenía que escribirlo, y compartirlo con el mundo.

> **UCDM ES UN LIBRO DE METAFÍSICA ESCRITO PARA QUE LO PUEDA RECIBIR DIRECTAMENTE EL ALMA**

El libro llegaba a mí por muchas vías: mi madre lo tenía y lo leía, en algunos podcasts lo mencionaban y se basaban en las enseñanzas de ucdm... pero fue comenzar con él y dejarlo de lado casi sin saber por qué. Hoy entiendo que eran mis propias resistencias internas al cambio, a la transformación, a permitirme vivir en paz, las que sacaban a relucir mi imposibilidad de abrirme a vivir una vida de milagros.

En este punto me gustaría dejar muy claro que los milagros a los que se refiere el curso no son cosas paranormales movidas por la magia. Como te comenté anteriormente, **un milagro es el cambio de percepción, un cambio de mentalidad**. Para que se entienda: si hasta ahora hemos vivido la vida desde una percepción limitada, abrirnos a un cambio de percepción nos permite ver desde una visión ampliada. Es como si a un caballo le pones anteojeras que le limitan la vista para que solo se centre en la carrera que tiene delante, privándolo de toda la visión del paisaje que podría llegar a disfrutar mientras va caminando. Y así vivimos nosotros, con las anteojeras puestas.

Y cuando digo limitada, me refiero a que nuestra percepción está limitada por nuestras creencias familiares (ya que el hecho de nacer en una determinada familia hace que tengas unas creencias u otras, validadas o rechazadas), una vida limitada por las creencias culturales y del país en el que vivas, limitada por la generación en la que naciste, etc., y, abrirte a vivir la vida desde los milagros parte del cambio de mentalidad que el libro nos propone que podemos llegar a experimentar cada uno en su propia vida y a su manera.

Ucdm dice "El objetivo del libro NO es sentar las bases para otro culto".

Al contrario. Ofrece los recursos para que tú te entrenes y los experimentes en tu realidad y a tu manera, y puedas vivir los milagros en tu propia vida, sin que nadie te lo tenga que contar y tú te lo tengas que creer, y de esta forma puedas conectar con tu maestro interno.

También, el propio libro deja muy claro que no lo especialicemos, ni idolatremos, que lo soltemos, y se trata de que, si no vives en paz, y te apetece abrirte a experimentar una serie de recursos por ti mismo en tu vida y a tu manera, tienes esa opción disponible, y que, si no es así, es absolutamente perfecto que así sea. No hay imposiciones, tan solo **experimentación** desde la conciencia de si me abro o no a salir del encierro de mi mente limitada que me está condenando a vivir una vida de miserias, de miedos, culpa, fracasos, inseguridades, impotencia, injusticia, rencor, enfermedad, ira, rabia, tristeza, soledad, celos, abandono, prisa, lucha, estrés... Cuando por qué no abrirme a vivir una vida de paz y abundancia en todas las áreas de mi vida (personal, laboral, económica, relaciones, salud...)

Todo eso fue lo que me hizo mucho sentido, y quizá por esa razón le volví a dar una segunda oportunidad. Y ahí fue cuando lo disfruté. Era mi momento. Estaba preparada, abierta y disponible para experimentar un cambio profundo de mentalidad, que con el tiempo ha tenido efectos directos en todas y cada una de las áreas de mi vida (personal, familiar, laboral, de salud, la lluvia de dinero literal que recibí de formas que rompen con las probabilidades de que algo ocurra, proyectos...). Para mí fue un antes y un después. Y te miento si te digo que fue un bálsamo de agua. Para nada... El cambio de mentalidad estuvo marcado por tantísimos movimientos en todas y cada una de las áreas de mi vida, que echando la vista atrás, si no hubiese tenido tantos recursos para afrontarlos, no sé qué habría sido de mí. Bueno si lo sé, seguiría viviendo la vida desde una postura de víctima, podría seguir deprimida por no lograr ser madre, por no lograr emprender proyectos exitosos, por sentirme vacía en mis relaciones, viviendo en escasez económica, y de salud, etcétera., y seguiría considerando que los demás son los culpables de todo lo que me pasa. Porque siempre encontramos un culpable si nos ponemos a buscarlo, creyendo que así conseguiremos soltar la culpa que somos incapaces de sostener por el peso que tiene en nuestra vida, aunque no seamos conscientes de que dentro de nosotros hay culpa. Pero indudablemente, si ves culpables en tu mundo, hay culpa en tu mente (esto no tienes que creértelo, tan solo te lo comparto para que te hagas preguntas).

Al vivir tantos movimientos potentes, **milagrosos**, y que podía hacer y gestionar desde un estado de paz, mi compromiso fue usar mis dones como maestra que soy, y ponerlos al servicio de la humanidad acercando los recursos que yo misma aplico desde ucdm y que a mí tanto me han cambiado la vida y me han conectado con la paz interior, la confianza, la abundancia y la libertad, con el compromiso de hacer accesible y fácil lo difícil (o eso dicen que hago mis alumnos dentro de mi Academia AvanzAma), para que todos podamos recordar quienes Somos y vivir sueños de Amor. Te comparto un recurso que encuentras en YouTube, con el título "Origen: La Fuente de Amor. UCDM".

Como te digo: NO TE CREAS NADA. Como habrás podido darte cuenta, soy una persona que se mete hasta el fondo en las experiencias (de ego terrenal y de ego espiritual), para que no me lo tengan que contar y así poder sacar mis propias conclusiones, y desde ahí es desde donde puedo compartir.

> **HEMOS VENIDO A VIVIR EXPERIENCIAS EN LAS POLARIDADES PARA PODER RECORDAR QUIÉNES SOMOS EN ESENCIA**

Hemos venido a vivir experiencias en las polaridades para poder recordar quienes Somos en esencia. Hemos venido a aprender a amarlo todo y a recordar que somos Amor y que siempre lo hemos sido.

> **HEMOS VENIDO A APRENDER A AMARLO TODO Y A RECORDAR QUE SOMOS AMOR Y QUE SIEMPRE LO HEMOS SIDO**

El otro día me di cuenta de que la palabra "Amén", que se usa en la religión, también es "AMEN", del verbo AMAR. Te invito a eso, a Amarlo absolutamente todo, que es a lo que nuestra alma ha venido a hacer aquí, y si no sabes cómo empezar, te invito a que conozcas la Academia AvanzAma, recursos para vivir en paz, en la que comparto de forma fácil, simple y amorosa cómo salir del sufrimiento y vivir en paz, abundancia, amor y libertad en todas las áreas de tu vida.

Declaración final

Me gustaría finalizar este libro, dejando claro que intentar traer la Verdad a la ilusión en la que vivimos nos estaría condenado a seguir dándole realidad al sueño. Son todas las experiencias ilusorias que vivimos las que podemos decidir entregar a la Luz permitiendo así que la ilusión se desvanezca. Por lo que concluyo eligiendo coger toda esta experiencia de escritura del libro que tienes entre las manos, y entregarla a la Verdad, a la Luz, al Amor en beneficio de todos y para nuestro mayor bien.

Gracias.

europa
ediciones